창의력과 상상력을 키우는 띠부띠부 장난감 만들기

# 페이퍼후추의
# 사각사각
# ASMR
# 종이 놀이

KB199798

# 페이퍼후추의 사각사각 ASMR 종이 놀이

ⓒ 2024. 우정미 All rights reserved.

**초판 1쇄** 2024년 3월 5일

**지은이** 페이퍼후추(우정미)
**펴낸이** 장성두
**펴낸곳** 주식회사 제이펍

**출판신고** 2009년 11월 10일 제406-2009-000087호
**주소** 경기도 파주시 회동길 159 3층 / **전화** 070-8201-9010 / **팩스** 02-6280-0405
**홈페이지** www.jpub.kr / **투고** submit@jpub.kr / **독자문의** help@jpub.kr / **교재문의** textbook@jpub.kr

**소통기획부** 김정준, 송찬수, 박재인, 배인혜, 나준섭, 이상복, 김은미, 송영화, 권유라
**소통지원부** 민지환, 이승환, 김정미, 서세원 / **디자인부** 이민숙, 최병찬

**기획 및 교정·교열** 박재인 / **표지·내지 디자인** nu:n
**용지** 타라유통 / **인쇄** 한길프린테크 / **제본** 일진제책사

**ISBN** 979-11-92987-88-0 (13630)
**값** 19,800원

※ 이 책은 저작권법에 따라 보호를 받는 저작물이므로 무단 전재와 무단 복제를 금지하며,
   이 책 내용의 전부 또는 일부를 이용하려면 반드시 저작권자와 제이펍의 서면 동의를 받아야 합니다.
※ 잘못된 책은 구입하신 서점에서 바꾸어 드립니다.

제이펍은 여러분의 아이디어와 원고를 기다리고 있습니다. 책으로 펴내고자 하는 아이디어나 원고가 있는 분께서는
책의 간단한 개요와 차례, 구성과 지은이/옮긴이 약력 등을 메일(submit@jpub.kr)로 보내 주세요.

창의력과 상상력을 키우는 띠부띠부 장난감 만들기

# 페이퍼후추의
# 사각사각
# ASMR
# 종이 놀이

**페이퍼후추(우정미)** 지음

Jpub
제이펍

## ※ 드리는 말씀

- 책에 수록된 도안은 저자의 손그림을 도서에 맞추어 새롭게 편집한 것으로, 동영상 속 도안 및 놀이 과정 사진과는 크기나 그림이 일부 상이할 수 있습니다.

- 책에 수록된 도안의 뒷면에는 패턴 그림을 추가하였습니다.

- 어린이가 칼과 가위를 사용할 때는 반드시 어른의 도움을 받을 수 있도록 해 주세요.

- 도안에 손을 베지 않도록 조심하세요.

- 놀이 과정 중에 종이가 쉽게 찢어질 수 있으니 주의하세요.

- 독자의 이해를 돕기 위해 일부 단어는 맞춤법에 따르지 않고 통용되는 말로 수록했습니다.

- 책 내용과 관련된 문의 사항은 지은이나 출판사로 연락해 주시기 바랍니다.
  - 지은이: paperpepper33@gmail.com
  - 출판사: help@jpub.kr

# - 프롤로그 -

안녕하세요! 저는 종이 놀이로 유튜브와 인스타그램, 틱톡에서 활동하는 크리에이터 페이퍼후추입니다.

어릴 적부터 호기심이 많았던 저는 작은 사물을 관찰하는 걸 좋아했어요. 사물에 생명이 있는 듯한 표정을 그려 주는 것이 재밌었거든요. 그렇게 즉흥적으로 무엇이든 그리는 낙서를 하다 보니 종이와 더욱 친해지게 되었어요. 종이 한 장만 있어도 온갖 사물과 상상 속 장면을 실현해서 놀 수 있었으니까요.

여러분도 어렸을 적, 종이 한 장으로 상상 속 세상을 만들고 놀아 본 추억이 한 번쯤 있지 않나요? 종이비행기를 접어 하늘에 날리며 모험을 떠난 기억, 종이로 만든 인형이 나만의 친구가 되었던 기억, 종이에 그림을 그려서 포장한 선물 상자에 숨겨진 비밀 이야기….

저는 종이가 상상력을 펼칠 수 있는 무한한 마법의 도구라고 생각해요. 어른이 된 지금도 어릴 적 그 기억을 쫓아 종이에 그림을 그리고, 오리고, 놀다 보니 여기까지 오게 되었네요. 오랜 시간이 흘러 그 기억들을 잊어버렸을지라도, 종이를 손에 들고 다시 놀아 본다면 여러분도 어릴 적 그 추억과 감정이 되살아날 거라고 생각해요. 그래서 이 책에는 제가 직접 그린 도안의 아날로그 감성을 느끼실 수 있도록, 수제 느낌을 최대한 살려서 수록했어요.

종이 놀이는 시중에서 판매하는 장난감보다 훨씬 단순하지만, 직접 오려서 손으로 만들어 가지고 논다는 점에서 아날로그 감성은 물론이고 창의력과 상상력, 집중력도 끌어올릴 수 있는 재밌고 유익한 놀이예요. 그래서 이 책이 단순히 놀이로 끝나는 것이 아니라, 여러분의 마음에 한 번쯤 품고 있었던 상상 속 이야기를 풀어내는 데 도움이 되면 좋겠어요. 이 책을 사용해서 모든 놀이를 끝내고 나면, 여러분만의 새로운 이야기를 다른 종이에 직접 그리고 오려 보면 어떨까요? 머릿속에 떠올리기만 했던 모든 상상을 실현할 새로운 기회가 될 거예요.

자, 그럼 지금부터 페이퍼후추와 함께 종이 놀이를 하러 떠나 볼까요?

**마음의 문을 활짝 열고, 다 함께 즐겨 주세요!**

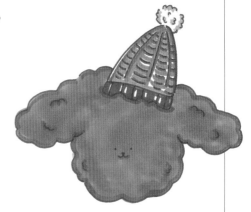

# - 목차 -

## PART 1 종이 놀이 만들기

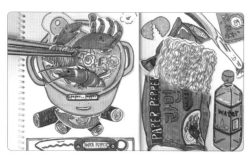

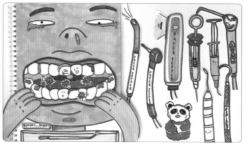

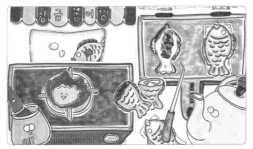

## PART 2 종이 놀이 도안

# – 종이 놀이 책 활용법 –

도안을 오리기 전에 QR 코드로 놀이 과정 동영상을 미리 확인해요. 복잡한 준비 과정을 쉽게 이해하고, 놀이 방법을 미리 익혀서 더 재밌게 즐길 수 있어요.

작은 팁을 참고해서 놀이에 활용해 보세요.

어떤 도안으로 만드는지 미리 확인할 수 있어요. 해당 쪽수를 찾아서 도안을 준비하면 돼요.

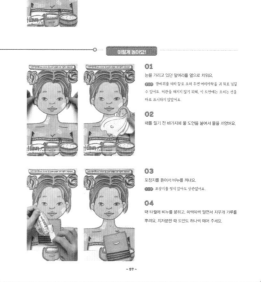

종이 놀이를 준비하는 과정 사진과 설명을 담았어요. 사진과 설명을 따라 하면 종이 놀이의 모든 준비 완료!

종이 놀이 방법을 사진과 설명으로 확인할 수 있어요. 꼭 똑같이 따라 하지 않아도 괜찮아요. 나만의 방법으로 자유롭게 즐겨 보세요!

# – 종이 놀이를 위한 준비물 –

신나는 종이 놀이를 할 때는 몇 가지 준비물이 필요해요. 아주 간단하지만 꼭 필요한 도구들을 알아보고 미리미리 준비해 볼까요?

**가위** 종이 도안을 오릴 때 사용해요.

**칼** 도안에 칼집을 내거나 가운데를 오려야 할 때 사용해요.

**커팅 매트** 칼로 도안을 자를 때 밑에 받쳐 두면 좋아요.

**풀테이프** 도안을 붙일 때 사용해요. 도안 뒷면에 살짝 바르면 도안을 쉽게 떼었다 붙였다 할 수 있어요. 너무 많이 바르면 놀이 중에 종이가 찢어지기 때문에 주의해서 아주 조금씩만 사용해요.

**얇은 투명 테이프** 도안을 연결해서 붙일 때 사용해요.

**핀셋** 작은 도안을 꺼내거나 떼어 낼 때 사용해요.

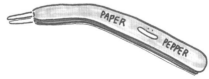

**비닐** 종이 놀이가 끝난 후 도안을 넣어서 보관하기 좋아요. 뒷면에 풀테이프를 발라서 끈적끈적한 도안은 비닐 겉면에 붙이면 돼요.

# - 종이 놀이를 위한 꿀팁 -

**01 종이의 사각사각한 소리를 그대로 즐기고 싶다면?**

도안을 오리고 바로 풀테이프만 붙여서 놀면 돼요. 종이가 찢어지지 않게 주의해야 하지만, 자연스러운 종이 소리를 그대로 즐길 수 있어요.

**TIP** 풀테이프 대신 재접착 풀을 사용할 수도 있어요. 도안을 뗄 때 풀테이프처럼 경쾌하고 찰진 소리가 나지는 않지만, 도안이 찢어질 위험이 적어요.

**02 종이의 소리를 즐기는 것보다 도안을 오래 가지고 노는 것이 더 중요하다면?**

도안 위를 박스 테이프나 손 코팅지로 한 번 코팅한 다음 오려서 놀아요. 종이의 사각거리는 소리는 느낄 수 없지만 도안을 좀 더 오래 보관할 수 있어요.

**03 풀테이프는 도안 뒷면에 아주 소량만 사용해요.**

처음부터 너무 많은 양의 테이프를 바르면 붙였다 떼었다 하는 과정에서 종이가 찢어지기 쉬워요. 소량만 사용하고, 만약 놀다가 접착력이 약해지면 그때 다시 바르면 돼요.

**04 실수로 풀테이프를 너무 많이 발랐다면?**

실수로 이미 도안 뒷면에 풀테이프를 너무 많이 발랐다면, 그곳에 손가락을 여러 번 붙였다 떼면서 접착력을 약하게 만들어 주세요. 훨씬 수월하게 놀 수 있을 거예요.

**05 풀테이프를 바른 도안은 비닐에 붙여서 보관해요.**

도안 뒷면에 풀테이프를 발라서 다른 도안에 붙인 상태로 너무 오랜 시간 방치하면, 접착력이 강해져서 나중에 도안을 떼려고 할 때 찢어질 수 있어요. 놀이가 끝나면 비닐같이 매끈한 곳에 옮겨 붙여서 보관하는 것이 좋아요.

**도안을 종이 놀이로만 끝내기 아쉽다면 영상을 촬영해 봐요!**

종이 놀이만으로는 뭔가 아쉬운 마음이 든다면 페이퍼후추처럼 놀이 과정을 영상으로 직접 촬영해 보세요. 인스타그램 릴스나 틱톡에 있는 편집 기능을 사용해서 간단하게 만들어도 좋아요. 페이퍼후추는 VLLO라는 영상 편집 앱을 유료로 사용해요. 음악이나 효과음도 제공하고 있어서 활용하기 좋아요. 녹음 기능이 있으니 필요한 부분은 직접 녹음해서 효과음으로 넣을 수도 있어요. 기본적인 기능만 사용한다면 무료 사용도 가능해요. 여러분만의 놀이 영상을 촬영해서 편집해 보면 색다른 재미를 느낄 수 있을 거예요. 참, 이 책을 사용하거나 참고한 종이 놀이 영상을 어딘가에 올릴 때는 #페이퍼후추 태그를 달아서 출처를 표기하는 것도 잊지 마세요!

## 아이와 함께하는 종이 놀이 가이드

* 아직 나이가 어려서 직접 종이를 가지고 놀기 힘든 아이에게는 보호자가 직접 놀이 과정을 보여 주면서 설명해요. 영상을 참고하면 과정을 쉽게 따라 할 수 있어요. 알록달록한 도안이 바뀌면서 이야기를 듣는 과정만으로도 재밌을 거예요.

* 놀이를 혼자 할 수 있는 나이의 아이라면 직접 자유롭게 놀 수 있도록 해요. 영상을 똑같이 따라 하지 않아도 스스로 상상력을 발휘해서 이야기를 만들며 놀 수 있을 거예요. 단, 칼을 사용해야 할 때는 다치지 않도록 유의해 주세요.

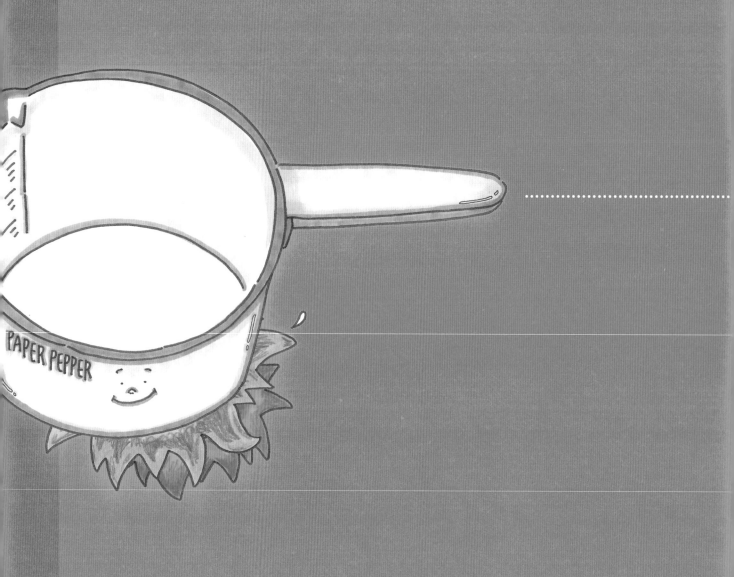

# PART 1

# 종이 놀이 만들기

10가지 주제의 색다른 종이 놀이를 즐기는 방법을 소개합니다!
하나씩 살펴본 다음, 마음에 드는 주제를 골라서 도안을 준비하고
차근차근 따라 해 보세요. QR 코드에 있는 동영상을 참고하면 더 쉬워요.
사진과 설명을 참고해서 내 마음대로 더 재밌게 놀아 봐요!

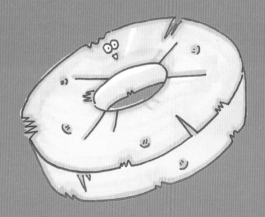

# 01 쓱싹쓱싹! 묵혀 둔 냉장소 대청소

곰팡이가 와글와글하고 성에가 가득 낀 이 냉장고 좀 보세요. 정리하고 싶어서 손이 근질근질하지 않나요? 하나씩 꺼내서 정리하고 깨끗하게 닦아서 뽀득뽀득 새 냉장고처럼 변신시켜 봐요!

**이렇게 놀면 좋아요 Tip**

자잘한 도안이 많기 때문에, 도안을 붙였다 뗄 때는 핀셋을 사용하는 것이 좋아요. 과일과 채소에 상한 잎과 먼지, 세균 등을 붙이고 자유롭게 배치해서 놀아요. 냉장고를 구석구석 깨끗하게 청소하면서 성취감과 뿌듯함을 느껴 보세요!

## 도안 미리 보기

71~82쪽

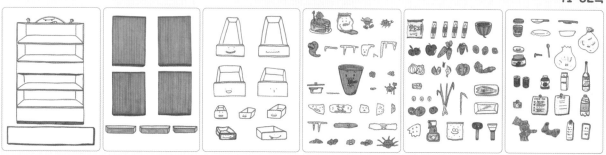

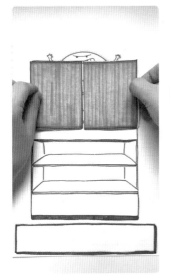

## 01

냉장고 칸이 그려진 배경지 도안 위에 문을 붙여요. 양 끝에만 투명 테이프를 붙여서 문이 열릴 수 있도록 해요.

**TIP** 아래쪽 문도 간격을 띄우고 동일하게 붙여요.

## 02

냉장고 문을 열어서 문짝에 수납 칸을 붙여요. 나머지 수납 칸도 원하는 곳에 붙이면 돼요.

**TIP** 책에 수록된 도안의 뒷면은 하트 무늬로 되어 있어요.

## 03

선반 라인에 가로로 길게 칼집을 내서 서랍을 넣어요. 아래쪽 냉동실 선반에도 동일하게 칼집을 내서 서랍을 넣으면 돼요.

**TIP** 사진에 있는 서랍의 표정을 참고해서 알맞은 위치에 넣어요.

## 04

냉장고 서랍에 채소를 넣어요. 냉장고를 정리하기 전이니 썩은 채소도 함께 붙여서 넣어요.

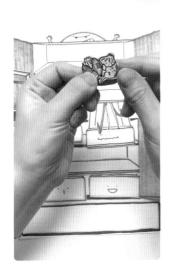

## 05

양파에는 상한 껍데기를 붙여요. 다른 채소들도 상한 짝을 맞춰서 붙여요.

## 06

쓰레기통을 냉장고 아래에 붙이고, 썩고 상한 음식들로 냉장실과 냉동실을 자유롭게 채워요. 수박에는 세균 덩어리를 붙이고, 더러워진 수납 상자에는 당근을 넣어요. 썩은 당근도 함께 넣어 주세요.

## 07
딸기 잼 입구에 흘러 내린 잼 도안을 붙이고, 입구에 칼집을 내서 숟가락을 넣어요.

## 08
문짝에 있는 수납 칸에는 음료를 채워요. 냉장고에 음식을 채우면서 사이사이에 성에를 붙여요. 생선은 뚜껑을 닫아서 보관할게요. 곳곳에 세균 도안도 자유롭게 붙여 주세요.

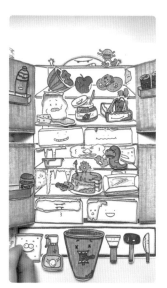 

## 09
쓰레기통 양옆에 냉장고를 깨끗하게 치울 도구들을 붙여요.

## 10
냉장고 안이 꽉 찼다면 문을 닫고 문짝에 낙서 도안을 붙여요. 온도계와 어지러운 메모지도 덕지덕지 붙여 주세요. 이렇게 준비가 다 되었다면, 이제 냉장고를 열어 재밌게 정리를 시작해요. 레츠 고!

---

## 이렇게 놀아요!

## 01
냉장고를 열어서 음식물에 붙은 곰팡이와 먼지를 제거해요.

**TIP** 제거한 곰팡이와 먼지는 아래에 있는 주황색 쓰레기통에 버려요.

## 02
바구니에 붙어 있는 곰팡이와 먼지들도 제거해요.

## 03

채소에 붙어 있는 썩은 껍질과 싹도 뜯어서 버려요.

**TIP** 귤, 사과 등 과일도 깨끗하게 정리해요.

## 04

딸기 잼의 뚜껑을 열어서 숟가락을 빼고, 입구에 묻은 잼을 떼요.

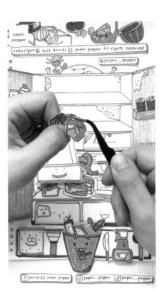

## 05

정체 모를 묵은 쓰레기도 쓰레기통에 버려요.

## 06

냉장고 서랍을 열어서 채소에 붙은 썩은 잎을 정리해요.

## 07

다른 서랍도 열어서 썩은 채소들을 확인해요.

## 08

파와 당근에 붙은 곰팡이와 썩은 채소잎을 정리해요.

**TIP** 가득 찬 쓰레기통을 중간중간 한 번씩 비워 주세요.

## 09

이제 냉동실을 정리해 볼게요. 작년에 생일 파티를 하고 남은 케이크가 있네요! 칼로 썰어 보고 쓰레기통에 버려요.

## 10

냉동실에서 뛰어놀고 있는 세균들을 발견하면 고무망치로 콩콩! 때려서 기절시킨 뒤 쓰레기통에 버려요.

**TIP** 핀셋에 망치 도안을 붙여서 놀면 더 실감 나요!

## 11

생선이 들어 있는 케이스를 열어 썩은 생선을 확인하고 쓰레기통에 버려요.

## 12

냉동실 서랍에 있던 봉지도 꺼내요.

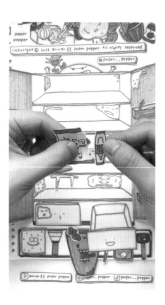

## 13

핫도그는 봉지를 찢어서 낱개 포장을 하나씩 빼요.

**TIP** 도안을 다시 사용할 거라면 찢지 않아도 돼요.

## 14

클리너를 뿌린 다음, 고무망치와 스크래퍼를 들고 성에를 제거해요.

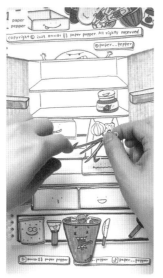

**15**

성에 제거가 끝났다면 청소용 수건에 클리너를 칙칙 뿌려서 구석구석 깨끗하게 닦고, 정체 모를 얼룩도 뽀득뽀득하게 닦아요.

**16**

깨끗해진 냉장고에 식재료를 다시 하나씩 정리해요.

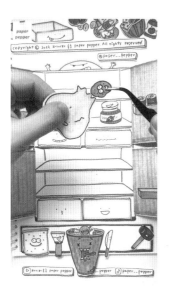

**17**

봉지에 있던 감자도 꺼내서 정리해요.

**18**

뜯어서 낱개로 두었던 핫도그들도 깔끔하게 서랍에 정리해요. 그 외 식재료도 차곡차곡 하나씩 정리해 주세요.

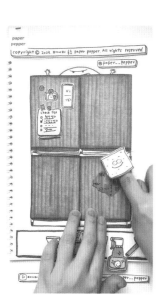

**19**

정리가 끝났다면 냉장고 문을 닫아요. 냉장고에 붙어 있는 지저분한 종이들을 정리하고, 청소용 수건으로 낙서도 깨끗하게 닦아요.

**20**

더러웠던 냉장고에서 깨끗한 냉장고로 변신! 청소 대성공!

# 02 반짝반짝! 훈남 만들기 대작전

놀이 동영상

뷰티 숍에 새로운 손님이 방문했어요. "저를 후… 훈남으로 만들어 주세요!" 그럼요! 페이퍼후추만 믿으세요. 그동안 가꾸지 못했던 부분까지 완벽하게 변신시켜 드립니다! 여러 가지 관리 도구와 화장품으로 저와 함께 훈남 만들기 대작전을 시작해 볼까요?

**이렇게 놀면 좋아요 Tip**

도안의 크기를 참고해서 새로운 종이에 다양한 헤어스타일을 그리고 오려서 놀아도 좋아요.

## 도안 미리 보기

83~94쪽

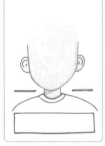    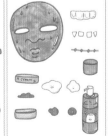 

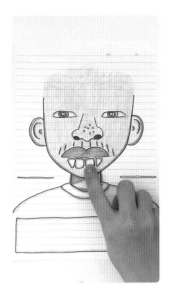
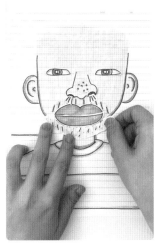

### 01

얼굴이 있는 배경지 도안에 눈과 콧구멍이 넓은 코를 붙여요. 콧잔등에는 피지를 붙여 주세요. 코밑수염을 붙이고 두꺼운 윗입술과 누런 이를 차례대로 붙여요.

### 02

아랫입술로 누런 이를 덮고 콧구멍에는 코털을, 턱에는 턱수염을 붙여요.

### 03

눈 위에 안경을 붙이고, 안경테 위에는 눈썹을 붙여요. 귀에는 귀지를, 볼에는 여드름을 붙여 주세요.

### 04

초록색으로 염색한 머리카락을 붙여요. 얼굴 도안 양옆에 칼집을 내고 한쪽에는 브러시를, 다른 한쪽에는 염색약을 꽂아요. 놀이에 이용할 나머지 도안을 아래에 붙여서 준비해요. 면도기와 드라이기, 안경까지 세팅하면 준비 완료!

**TIP** 하얀 안경과 마스크 팩은 눈이 보이는 부분을 칼로 오려서 준비해요. 초록색 크림은 뚜껑을 붙여서 준비해요.

### 01

지저분하게 귀를 덮고 있는 옆머리를 잘라요.

**TIP** 도안을 다시 사용할 거라면 자르지 않아도 괜찮아요.

### 02

덥수룩한 앞머리도 시원하게 잘라요.

## 03

집게를 들고 코털을 뽑아요.

## 04

면도기로 콧수염과 턱수염을 밀어요.

## 05

염색약 뚜껑을 열어 분홍색 볼에 짜요.

## 06

염색용 빗을 이용해 염색약을 잘 섞어요.

## 07

염색약을 머리에 쓱쓱 발라요.

## 08

갈색 머리카락으로 바꿔서 붙이고 헤어드라이어로 잘 말려요.

## 09

눈썹칼로 덥수룩한 눈썹을 깎아요. 정리된 눈썹으로 바꿔서 붙여요.

## 10

안경을 벗겨요.

## 11

여드름을 양손으로 꾹꾹 누르면서 짜는 시늉을 하고, 화장솜으로 닦으면서 여드름 도안을 떼요.

## 12

코에 까만 코팩을 붙여요. 코팩을 하는 동안 면봉으로 귀지를 파요.

## 13

코에 붙어 있던 피지를 떼고, 코팩 뒷면에 피지 도안을 붙여요.

## 14

관리를 받는 동안 수염이 다시 자란 것처럼 까만 점이 콕콕 찍힌 수염 도안을 올려요. 면도 크림을 짜서 수염에 발라 볼게요.

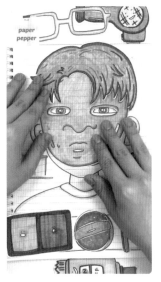

## 15

면도 크림을 모두 수염 위에 올리고, 면도기로 수염을 깎아요.

**TIP** 면도기로 면도 크림을 밀면서 수염 도안을 떼요.

## 16

자극받은 얼굴에 마스크 팩을 씌워서 진정해 줄게요.

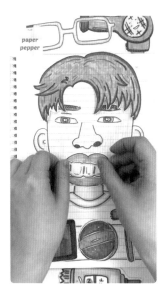

## 17

아랫입술을 내리고, 누런 이 위에 치아 미백 제품을 올려요.

## 18

치아 미백으로 하얗게 된 이 위에 교정기를 올리고, 다시 아랫입술을 올려서 입을 닫아요.

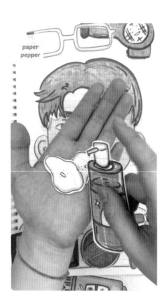

## 19

손에 로션을 짜요.

## 20

로션을 얼굴에 골고루 발라요.

**21**

초록색 크림 뚜껑을 열고, 검지에 크림을 덜어낸 것처럼 붙여요.

**22**

검지에 크림을 붙인 채로 얼굴에 문질러요.

**23**

각질 패드로 입술을 문지르고, 흰 입술 도안으로 바꿔 붙여요.

**24**

피부 화장을 위해 쿠션을 두드리고, 브러시로 코에 음영을 넣어요. 작은 코로 도안을 바꿔서 붙여요.

**TIP** 쿠션 퍼프 양쪽 끝에 테이프로 끈을 붙이면 손가락을 넣을 수 있어요.

**25**

립밤 도안을 손으로 문질러서 입술에 발라요. 분홍빛 입술 도안으로 바꿔서 붙여요. 그다음 커다란 브러시로 턱에도 음영을 넣어요.

**TIP** 색연필을 사용해서 얼굴 테두리를 좀 더 갈색으로 칠해도 좋아요.

**26**

취향에 따라 안경을 씌워서 마무리해요.

# 03 | 보글보글!
# 해물라면 끓이기

놀이 동영상

꼬르륵··· 야심한 밤, 라면을 먹고 싶은데 시간이 너무 늦었다고요? 그럼 종이 놀이로 배고픔을 달래 보는 건 어떨까요? 싱싱한 해산물도 듬뿍 넣고, 파도 송송 썰어 넣고, 계란도 탁 넣어서, 후루룩후루룩 맛있는 해물라면을 끓여 봐요!

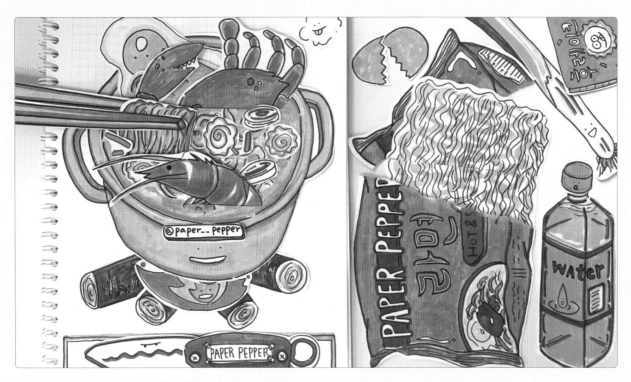

이렇게 놀면 좋아요 Tip

다양한 재료를 손질하고, 도구를 사용해 요리하는 방법을 알아볼 수 있어요! 모든 과정을 차근차근 하나씩 설명해 주면 아이들도 이해하기 더 쉬울 거예요.

## 도안 미리 보기

95~108쪽

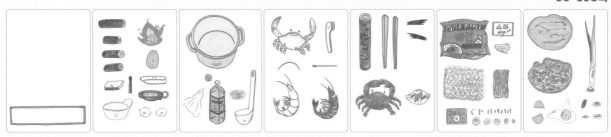

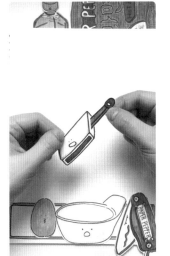

**01**

배경지 도안 뒤에 라면과 생수 도안을 넣고, 아래에 있는 네모 칸 안에는 놀이에 필요한 접이식 칼, 그릇, 계란, 성냥 등을 자유롭게 붙여요. 성냥갑에는 성냥개비를 넣어요.

**TIP** 생수에는 뚜껑을 붙이고, 접이식 칼의 손잡이와 칼은 함께 붙여요.

**02**

성냥갑을 아래쪽에 붙이고, 라면이 끓을 때 모락모락 피어오를 두 개의 김(수증기)까지 준비하면 완료!

**TIP** 새우 등에 있는 칼집 속에는 기다란 내장을 미리 넣어요.

**01**

짧은 장작을 살짝 겹쳐서 붙이고, 성냥개비를 꺼내서 켜요.

**02**

성냥개비에 불꽃 도안을 붙여서 장작으로 옮겨요.

**03**

장작 위에 냄비를 올리고, 생수 뚜껑을 열어요.

**04**

흘러 나오는 물 도안을 생수통 입구에 붙여서 물을 부어요. 냄비 안에도 파란색 물 도안을 붙여요.

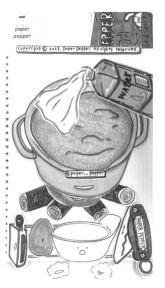

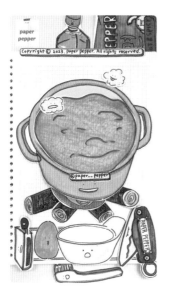

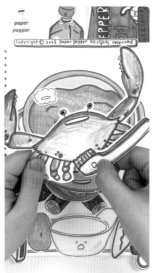

## 05

물이 끓는 걸 표현하기 위해 김(수증기) 도안을 붙여요.

## 06

솔로 꽃게를 쓱싹쓱싹 문질러요.

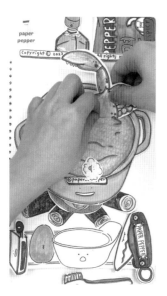

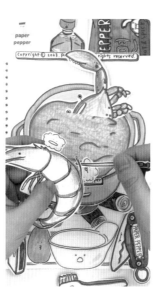

## 07

깨끗하게 씻은 꽃게를 끓는 물에 넣어요.

**TIP** 꽃게가 잘 들어가지 않는다면 칼집을 더 길게 내요.

## 08

새우는 요리하기 전에 등에 있는 내장을 빼야 해요. 이쑤시개로 새우 등의 칼집에서 길쭉한 내장을 꺼내요.

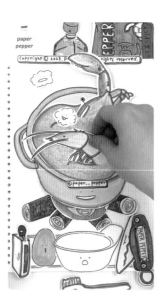

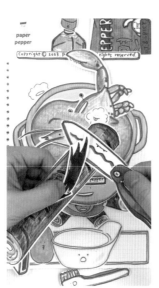

## 09

끓는 물에 새우를 퐁당 담가요.

## 10

큰 통나무와 접이식 칼을 준비하고, 칼로 나무껍질을 벗긴 듯이 껍질을 하나씩 떼요.

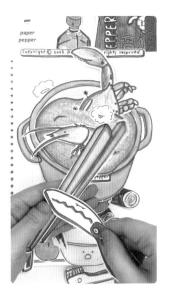

**11**

통나무를 뿅! 하고 젓가락 도안으로 바꿔요.

**12**

이제 해산물이 다 익었어요. 주황색 새우와 꽃게로 바꿔서 붙여요.

**TIP** 이때 꽃게 뒤에는 꽃게 내장을 붙여요.

**13**

라면 봉지 도안 밑에 생라면 도안을 두고 라면 봉지를 뜯어요.

**TIP** 수프와 후레이크도 미리 챙겨요.

**14**

냄비에 넣기 위해 생라면을 반으로 잘라요.

**TIP** 도안을 다시 사용할 거라면 자르지 않고 살짝 접어도 괜찮아요.

**15**

생라면을 끓는 물 안에 넣고, 수프를 뜯어서 입구에 가루 도안을 붙여서 뿌려요.

**16**

수프를 뿌렸으니, 라면 물도 빨간색 도안으로 바꿔서 붙여요. 꽃게와 새우도 다시 동일하게 넣어요.

- 29 -

## 17

플레이크 봉지를 뜯어서 여기저기 뿌려요.

**TIP** 건더기를 여기저기 얹어요.

## 18

접이식 칼로 파를 송송 썰어 넣어요.

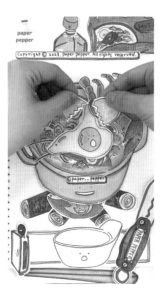

## 19

냄비 손잡이에 계란을 톡톡 쳐서 냄비에 넣어요.

## 20

젓가락으로 휘휘 저어요.

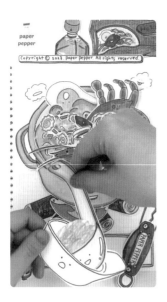

## 21

국자에 국물을 붙여서 그릇에 부어요.

**TIP** 국물 도안을 그릇에 옮겨 붙여도 좋아요.

## 22

젓가락에 익은 면발 도안을 붙여서, 국물에 휘휘 저어요.

## 23

후후~ 불어서 호로록 먹는 소리를 내요.

## 24

꽃게를 국물에서 건지고, 내장을 떼요.

**TIP** 책에 수록된 도안의 뒷면은 하트 무늬로 되어 있어요.

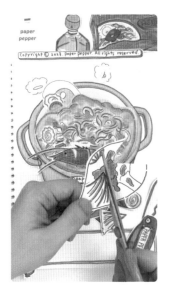
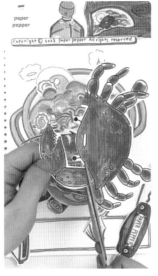

## 25

꽃게의 모래주머니를 가위로 제거해요.

## 26

잘 익은 꽃게의 집게다리를 잘라서 손질해요.

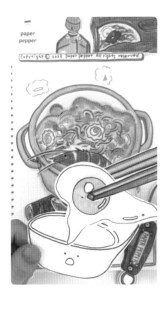

## 27

다 익은 계란도 꺼내요.

## 28

새우의 머리는 뾰족해서 다칠 수 있으니 잘라 내고 맛있게 먹어 볼까요? 해물라면으로 맛있는 한 끼 뚝딱! 아~ 배부르다!

# 04 | 역대급 충치 치료! 치과놀이

놀이 동영상

혹시 이가 몹시 아픈데도 치과에 가기 무서워서 차일피일 미루고 있지는 않나요? 치과놀이를 하면서 그림 속 친구의 충치를 직접 치료하고, 세균과 치석도 시원하게 제거해 봐요! 겁먹은 친구를 잘 달래면서 아프지 않게 살살 치료해 주세요!

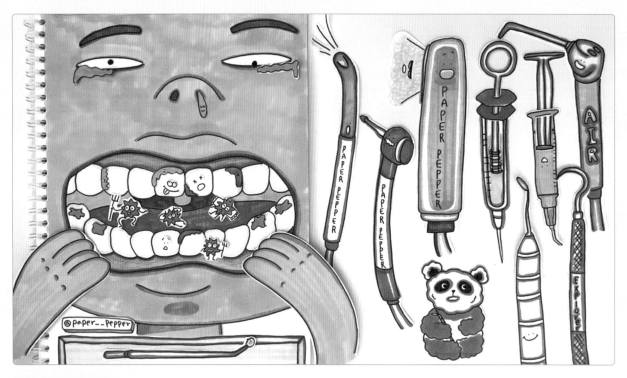

**이렇게 놀면 좋아요 Tip**

충치를 치료하는 과정을 이해하고, 막연하고 무섭게 느껴졌던 치과에 대한 두려움을 극복할 수 있어요. 물론 충치 예방을 위한 양치의 중요성을 함께 알려 주는 것도 잊지 마세요!

## 도안 미리 보기

109~117쪽

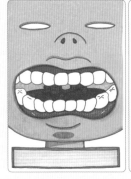
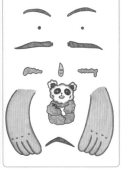
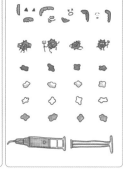
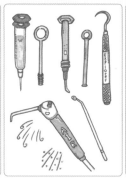
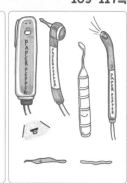

## 01

얼굴이 있는 배경지 도안 위에 사진처럼 이 사이사이 세균과 치석, 고춧가루를 붙여요. 사진과 똑같지 않고 자유롭게 붙여도 좋아요. 치아에 붙은 표정은 동그랗게 오려서 붙이면 돼요. 얼굴에는 한껏 내려간 눈썹과 눈알을 붙이고, 아래쪽에는 장비와 인형, 손을 붙여요. 사진에 보이지 않는 나머지 도안들도 잘 오려서 한쪽에 모아 두세요.

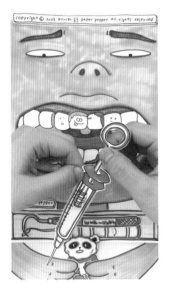 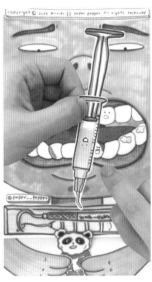

## 02

주사기는 사진을 참고해서 칼집을 내어 만들어요.

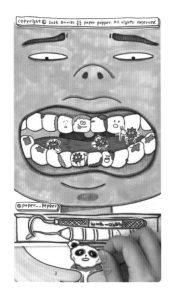
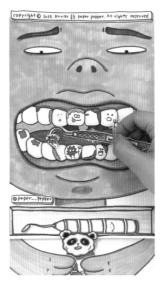

## 01

치료 전 두려움에 떠는 친구를 토닥토닥 달래고, 마음의 안정을 위해 판다 인형을 품에 안겨 주세요.

## 02

익스플로러로 세균을 하나씩 없애고, 이에 낀 고춧가루도 떼어 내요.

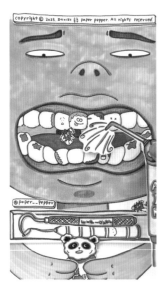
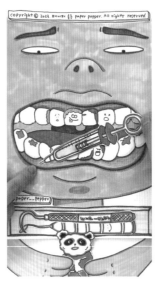

## 03

혀에 있는 세균을 에어 스프레이로 날리고, 어금니에 있는 충치를 확인해요.

## 04

치료 중에 치아가 시리거나 아플 수 있으니 잇몸에 마취 주사를 놓아요. 반대쪽도 동일하게 놓아요.

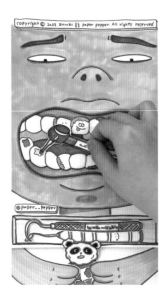
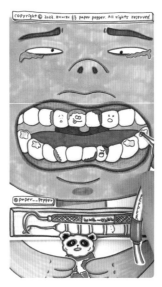

## 05

핸드피스로 충치 부위를 제거해요. 새카만 충치 도안을 상아색 도안으로 바꿔 붙여요.

## 06

눈알의 위치를 바꾸고 눈물 도안도 붙여서 겁먹은 표정을 표현해요.

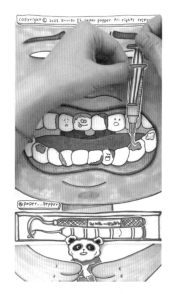
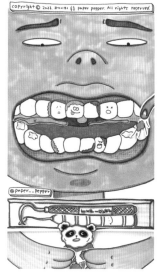

## 07

이제 에칭을 할 거예요. 이 푸른 액체는 레진이 잘 붙도록 미세한 요철을 만드는 사전 작업이에요. 충치가 있던 곳에 파란색 도안을 붙여요.

## 08

에칭은 잇몸에 닿으면 화학적 화상을 입을 수 있기 때문에 석션으로 빨아들여요. 파란색 도안을 제거하고, 입 안쪽에는 고여 있는 침 도안을 붙여요.

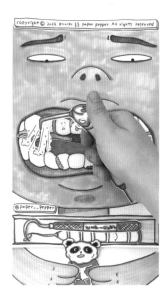
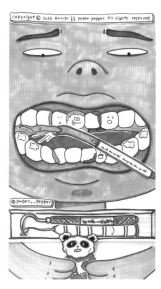

## 09

에어 스프레이로 마저 깨끗하게 제거해요.

## 10

고인 침을 석션으로 빨아들여요. 반대쪽도 동일하게 제거해요.

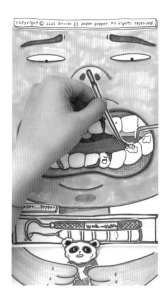
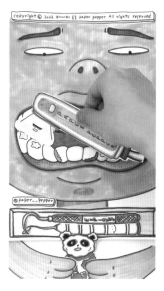

## 11

에어 스프레이를 살살 쏘며 접착제를 꼼꼼하게 발라요.

## 12

접착이 잘되도록 광중합기로 광중합을 해요.
**TIP** 광중합기는 광선을 쬐어 레진을 더 단단하게 굳히는 장비예요.

copyright © 2022 페이퍼페퍼 paper pepper. All rights reserved.

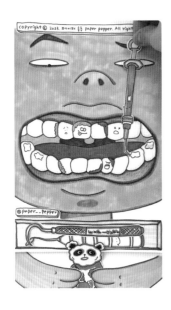
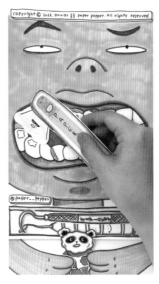

## 13

이제 레진을 메울 차례예요. 상아색 도안을 흰색 도안으로 바꿔 붙여요. 힘든 치료가 거의 끝나가므로 눈썹 모양도 바꿔요.

## 14

눈알의 위치를 바꾸고, 광중합기로 레진을 굳혀요.

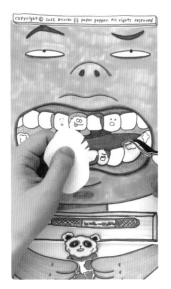
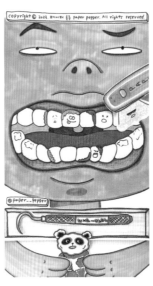

## 15

흰색 종이를 말캉한 레진이라고 생각하고 핀셋으로 조금씩 뜯은 다음, 곳곳에 빈틈을 채우는 느낌으로 치아 위에 올려요.

**TIP** 핀셋 위에 도안을 붙이고, 핀셋으로 종이를 뜯어내요.

## 16

다시 광중합기로 레진을 굳혀요.

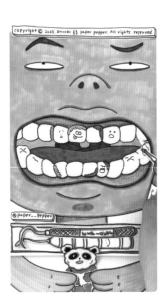
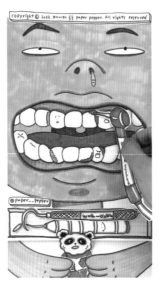

## 17

레진 표면을 살짝 갈아서 매끄럽게 만들어요. 치료 중이었던 흰색 도안을 떼어 내면, 깨끗한 어금니가 나와요.

## 18

치료를 마쳤으니 구석구석 더러운 이물질과 치석을 제거해요. 콧물 도안도 붙여요.

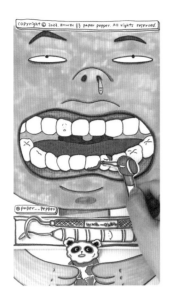 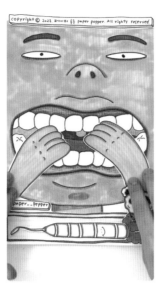

## 19

치아에 붙어 있던 부정적인 표정들도 떼어 내요. 남은 치석도 모두 제거해요.

## 20

눈썹 모양을 바꾸고, 콧물을 닦고 손을 올려 좌우로 흔들어요. 이제 깨끗해진 치아로 변신했어요. 치과에 제때제때 잘 다니기로 약속!

# 05 | 와글와글! 즐거운 캠핑 여행

놀이 동영상

캠핑의 계절이 다가왔어요! 도시 생활의 스트레스에서 벗어나 한가로운 곳에서 아름다운 풍경을 감상하고, 고기도 구워 먹고, 기타도 치고 놀아요. 날이 저물면 따뜻한 차를 마시며 친구와 함께 즐거운 시간을 보내요.

**이렇게 놀면 좋아요 Tip**

영상과 사진에서는 실제 인조 잔디 조각을 배경으로 사용했어요. 인조 잔디가 없다면 도안에 있는 잔디 배경 사진을 사용하면 돼요. 캠핑 도구에 작은 도안이 많아서 핀셋이 필요해요. 이쑤시개와 포일을 미리 준비하면 좀 더 실감 나게 놀 수 있어요.

## 도안 미리 보기

119~130쪽

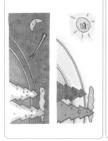     

## 01

해가 있는 낮 도안과 잔디가 있는 배경지 도안을 준비해요.
캠핑카의 문이 열릴 수 있도록 표시된 곳에 칼집을 내고,
운전석과 뒷좌석이 있는 캠핑카 내부 도안을 준비해요.
**TIP** 잔디 도안은 사방의 여백을 모두 잘라도 좋아요.

## 02

캠핑카와 내부 도안을 모두 뒤집고, 앞좌석과 뒷좌석의
위치를 맞춰서 붙여요.
**TIP** 책에 수록된 도안의 뒷면은 하트 무늬로 되어 있어요.

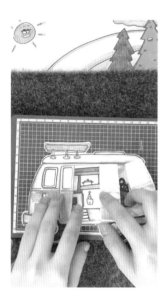

## 03

앞으로 돌려서 문을 열어 보고, 뒤에 붙인 내부 도안이 알
맞은 곳에 있는지 확인해요. 위치가 맞지 않다면 다시 떼
서 붙여요.

## 04

풀테이프를 문 안쪽에 소량만 발라요. 강아지를 운전석에
태우고 문을 닫아요.

## 05

오리는 뒷좌석에 태우고 문을 닫아요.
**TIP** 캠핑카 위에는 테이블을 뒤집어서 붙여요. 캠핑카 뒤에
는 캠핑 의자와 간이 의자를 숨겨 넣어요.

## 06

이쑤시개와 막대기를 펼친 도안을 준비해요.
**TIP** 말아 올리기 좋도록 책에서는 이 도안의 크기를 더 키워
서 수록했어요.

**07**

이쑤시개에 도안을 말아 올려서 테이프로 고정해요. 놀이 할 때 불을 지필 나무 막대 완성!

**08**

곳곳에 풀 도안을 자유롭게 붙여주면 놀이 준비 끝! 이제 캠핑을 즐기러 가 볼까요?

**TIP** 피크닉 가방 안에는 접시와 컵 등을 넣어서 준비해요. 빨간색 핸드 카트에는 고구마와 장작개비, 랜턴 등을 넣어요. 조개는 조갯살을 붙이고 껍데기를 닫아요. 소라는 껍데기 뒤에 살을 숨겨요.

## 이렇게 놀아요!

**01**

부릉부릉 캠핑카가 도착했어요! 운전석을 열어 강아지를 차에서 내리고, 뒷문을 열어 오리도 함께 내려요.

**02**

캠핑카 위에 붙였던 테이블을 내리고 체크무늬 테이블보를 붙여요. 그늘막을 설치하고, 차에서 피크닉 가방을 꺼내요.

**03**

피크닉 가방에서 접시와 컵을 꺼내요. 두 개씩 꺼내면 돼요.

**04**

캠핑카 위에서 캠핑 의자와 간이 의자를 꺼내요.

## 05

핸드 카트에는 고구마, 장작, 랜턴이 들어 있어요. 핀셋으로 모두 꺼내요.

## 06

장작개비를 붙여서 불을 피울 준비를 하고, 지지대를 세워요.

## 07

낙엽과 지푸라기에 나무 막대를 돌려 가며 불을 피워요. 첫 번째 시도, 실패!

## 08

부싯돌로도 불을 피워봐요. 두 번째 시도, 실패!

## 09

파이어 스틱으로 세 번째 시도, 역시 실패!

## 10

결국 토치를 꺼내서 불을 붙여요. 작은 불씨를 붙여 주세요. 불이 붙기 시작했어요!

## 11

좀 더 큰 불로 바꿔서 붙여요. 이제 불이 완전히 붙었네요! 고구마를 구워 볼게요. 고구마 껍질 뒤에 속살을 숨기고, 연기 모양의 도안과 함께 포일에 감싸서 불 앞에 놓아요.

## 12

오리에게 기타를 붙여서 띵까띵까 기타도 쳐요.

## 13

냄비를 준비하고 조개와 소라를 넣어요.

## 14

불을 지핀 장작 위에 냄비를 올려요.

## 15

고구마가 다 익었어요! 고구마 포일을 까요. 모락모락 연기와 함께 잘 익은 고구마가 나와요.

## 16

고구마 껍질을 벗겨요.

**17**

고구마를 냠냠 맛있게 먹어요. 냄비에 물이 끓는 도안을 붙여요.

**TIP** 강아지와 오리의 입에 칼집을 내면 음식을 먹일 수 있어요. 미관을 해치지 않기 위해 이 도안에는 칼집 내는 선을 표시하지 않았어요.

**18**

조개찜도 완성됐어요! 한번 먹어 볼까요? 조개를 꺼내서 테이블 위에 올려요.

**19**

조개를 하나씩 열어서 조갯살만 쏙쏙 빼요.

**20**

다른 조개도 마찬가지로 조갯살을 빼서 냠냠 맛있게 먹어요.

**21**

소라도 마찬가지로 알맹이를 쏙 빼서 먹으면 돼요.

**22**

이번엔 생선을 구워 볼게요. 꼬치에 생선을 붙여 포일로 감싸고 불 위에 올려요.

**23**

삼각형 불판을 붙이고 그 위에 삼겹살도 구워요.

**24**

삼겹살이 잘 익은 느낌을 주기 위해서 도안을 갈색 색연필로 살살 칠해요. 삼겹살 위에 소금도 살짝 쳐요.

**25**

꼬치에 마시멜로를 붙여요.

**26**

어느덧 밤이 됐어요. 배경을 달이 있는 밤 도안으로 바꾸고 캠핑카 그늘막 위에 전구를 붙여요. 캠핑 액자도 세워서 감성을 더해 봐요.

**27**

마시멜로가 다 구워졌어요! 맛있게 먹어요.

**28**

친구와 서로 먹여 주기도 해요.

## 29

밤이 되니 쌀쌀해요. 오리에게 옷을 입혀요.

**TIP** 강아지에게는 패딩과 모자를 씌워요.

## 30

드디어 삼겹살이 다 익었어요! 접시에 하나씩 담아요.

## 31

냠냠 맛있게 먹어요! 생선도 다 익었는지 확인해 볼까요?

## 32

포일을 열어 보니, 와~ 맛있게 잘 익었어요! 준비해 온 소스를 생선에 발라요.

## 33

맛있게 먹었더니 생선 뼈만 남았네요!

## 34

친구와 따뜻한 차를 마시며 도란도란 이야기를 나누면 즐거운 캠핑 완료!

# 06 새콤달콤! 탕후루 만들기

놀이 동영상

너도나도 한 번씩은 모두 먹어봤다는 탕후루! 자주 먹고 싶지만 건강이 걱정되고, 집에서 만들어 보고 싶지만 어려울 것 같아서 망설이고 있나요? 그럼 종이 놀이로 도전해 보는 건 어때요? 페이퍼후추가 종이로 윤기가 좌르르~ 흐르는 탕후루 만들어 먹는 법을 진짜 쉽게 알려 줄게요!

**이렇게 놀면 좋아요 Tip**

도안을 참고해서 새로운 종이에 방울토마토나 키위 등 다른 재료를 그려 보세요. 다양한 과일의 탕후루를 만들 수 있어요.

## 도안 미리 보기

131~141쪽

     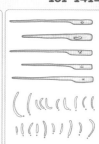

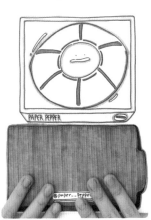

## 01

가스레인지와 도마가 있는 배경지 도안을 준비하고, 사진처럼 위쪽에 물과 설탕, 꼬치를 꽂아요. 귤은 과육 도안에 칼집을 내어 조각을 안에 넣고, 껍질을 덮어서 살짝 붙여요. 샤인머스캣 위에도 낱알을 붙이고, 딸기에도 꼭지를 붙여서 준비해요.

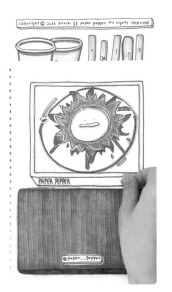

## 01

파란 도안과 빨간 도안을 겹쳐 붙여서 가스 불을 켜요.

## 02

불 위에 냄비를 올리고, 물과 설탕을 준비해요. 'Water'라고 쓰인 컵에는 물 도안을 넣고, 'Sugar'라고 쓰인 컵에는 설탕을 넣어요.

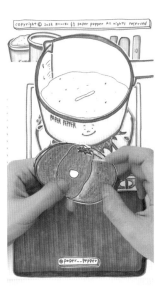

## 03

물과 설탕을 모두 냄비에 넣어요.

## 04

냄비 안에 물과 설탕이 섞인 도안을 바꿔 붙이고, 귤을 꺼내요.

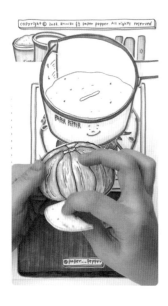

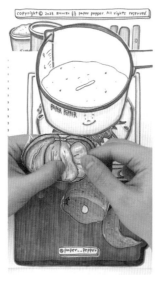

## 05

굴의 껍질을 하나씩 까요.

## 06

칼집을 낸 도안 안에서 귤 조각을 하나씩 빼요.

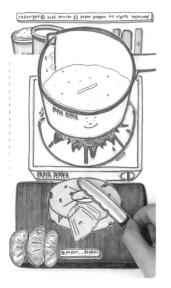

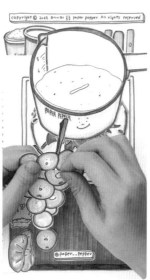

## 07

칼로 파인애플을 예쁘게 썰어요.

## 08

샤인머스캣을 하나씩 따요.

## 09

딸기는 꼭지를 떼어 정리하고, 냄비 안에는 물과 설탕이
보글보글 끓는 도안으로 바꿔 붙여요.

## 10

통으로 된 귤 껍데기 도안을 과육에 붙였다가 벗겨요.

## 11

꼬치에 과일을 꽂고, 냄비에 하나씩 퐁당퐁당 담가요. 과일 이곳저곳에 광택이 나는 도안을 붙여요.

**TIP** 과일에 칼집을 내어 꼬치에 꽂는 게 어렵다면 꼬치에 그냥 붙이기만 해도 괜찮아요.

## 12

짜잔! 탕후루가 완성됐어요.

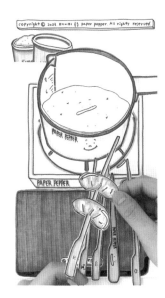

## 13

하나씩 냠냠 맛있게 먹는 시늉을 하면서 과일을 빼면 탕후루 놀이 끝!

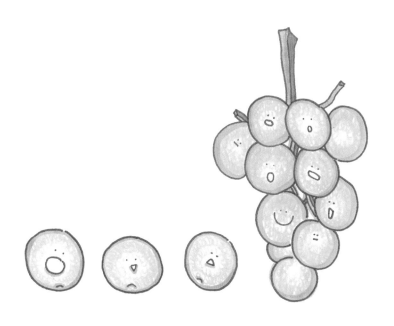

# 07 탈탈! 털털! 지갑 정리 정돈하기

놀이 동영상

매일매일 무심하게 가방에 툭 넣어서 가지고 다니느라 꼬질꼬질해진 지갑! 구겨진 지폐와 동전을 깨끗하게 정리하고 먼지도 털어서 새로운 지갑으로 변신시켜 볼까요? 핼러윈 아이템 스티커를 사용해서 나만의 스타일로 리폼도 할 수 있어요!

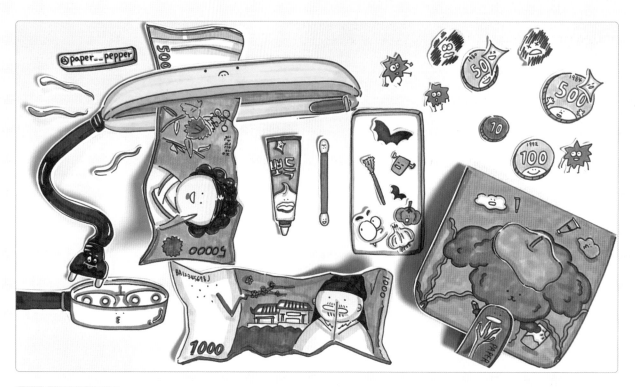

**이렇게 놀면 좋아요 Tip**

물건을 청결하게 관리하는 방법, 기계를 사용할 때 전원을 켜고 끄는 것과 콘센트 사용 방법 등을 알려주세요. 실제 지갑과 비슷하게 만들어 보는 재미도 쏠쏠해요. 놀이가 끝나고 나면 동전과 지폐, 카드를 가지고 가게놀이를 할 수 있어요. 탕후루 만들기(46쪽)나 붕어빵 만들기(60쪽)와 함께 물건을 사고파는 가게놀이로 응용해 보세요.

## 도안 미리 보기

143~154쪽

## 01

지갑 겉면 도안을 뒤집어서 뒷면 위에 속지를 붙여요. 지폐가 들어갈 곳을 제외한 나머지 3면에 풀테이프를 발라서 붙이면 돼요.

**TIP** 중앙 하단에 적당히 자리를 잡아서 붙여요. 책에 수록된 도안의 뒷면은 하트 무늬로 되어 있어요.

## 02

지갑을 반으로 한 번 접은 다음, 다시 펼쳐서 오른쪽 면에 카드 수납 칸 3개를 살짝 겹치듯이 붙여요.

**TIP** 카드가 들어갈 공간을 어느 정도 남기고 붙이면 돼요.

## 03

왼쪽 면에 동전 수납 칸을 붙여요.

## 04

동전이 빠지는 걸 방지하기 위해 덮개를 붙이고, 그 위에 강아지 캐릭터도 붙여요. 덮개는 투명 테이프로 붙여야 열었다 닫았다 할 수 있어요.

## 05

카드는 모두 앞면과 뒷면을 맞춰서 붙여요.

**TIP** 지그재그로 새카맣게 때가 묻은 도안을 카드 곳곳에 붙여 주세요.

## 06

동전에도 까만 때가 묻은 도안을 여기저기 붙이고, 동전 칸에 넣어요.

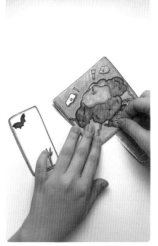

**07**

지갑을 닫을 수 있도록 여닫이 도안을 붙여요.

**08**

여닫이 도안이 맞닿는 곳에 동그란 똑딱이 도안을 붙여요.
똑딱이 도안 위에는 풀테이프를 한 번 더 살짝 발라요.

**TIP** 풀테이프를 바르면 지갑을 실제로 열었다 닫았다 할 수
있어요!

**09**

여닫이 도안 안쪽에도 똑같이 똑딱이 도안을 붙이고, 그
위에 투명 테이프를 한 번 더 덧붙여요.

**TIP** 열었다 닫았다 하다 보면 똑딱이 도안이 쉽게 떨어질 수
있는데, 투명 테이프를 미리 붙이면 도안을 좀 더 오래 사용할
수 있어요.

**10**

지갑 여기저기 먼지 도안을 붙이고, 구겨진 지폐를 지갑에
넣어요.

**11**

카드와 명함을 차례대로 넣어요.

**12**

흰 도안 위에 풀테이프로 핼러윈 그림 조각들을 붙여요.

**TIP** 지갑을 꾸밀 때 스티커로 사용하면 돼요.

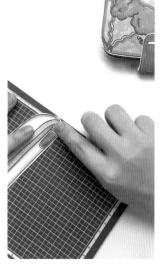

## 13

열 코팅기에 전선을 붙여서 연결해요.

## 14

코팅기에 전원까지 붙이면 준비 끝! 이제 놀이하러 가볼까요?

**TIP** 코팅기의 하얀 부분을 칼로 오려 낸 다음, 남색 도안을 코팅기 뒤에 놓고 그 위에 주황색 버튼을 붙여요.

## 이렇게 놀아요!

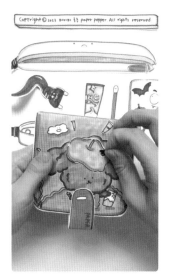

## 01

지갑에 붙은 먼지를 떼요.

## 02

지갑에서 카드와 동전을 모두 빼요.

## 03

카드에 붙은 먼지를 떼고, 카드 뒷면에 서명해요.

## 04

'뽀득'이라고 적힌 약품을 사용해서 동전을 세척할게요. 동전에 거품 도안을 붙여요.

## 05

면봉으로 살살 문지르고 때 묻은 도안을 떼면 깨끗한 동
전으로 변신!

**TIP** 나머지 도안도 똑같이 닦고, 반짝반짝 빛나는 도안을
군데군데 붙여요.

## 06

깨끗해진 동전을 모아서 다시 지갑에 쏙 넣어요.

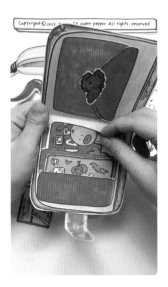

## 07

서명한 카드를 다시 지갑에 넣고, 지갑에서 구겨진 지폐를
꺼내요.

## 08

콘센트에 코드를 꽂아요.

## 09

버튼을 옮겨서 전원을 켜요.

## 10

열이 오르는 모양의 도안을 코팅기에 붙여요. 구겨진 지폐
를 넣었다가, 펴진 지폐로 뿅! 하고 바꿔서 빼요.

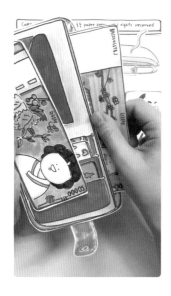

## 11

빳빳하게 잘 펴진 지폐를 지갑에 쏙 넣어요.

## 12

작업이 끝났으니, 전원을 끄고 코드를 뽑아요.

## 13

이제 지갑을 꾸며 볼까요? 스티커로 지갑을 리폼할게요.

## 14

원하는 곳에 스티커를 붙이면, 핼러윈 스타일의 지갑 리폼 완성!

# 08 보들보들! 시원한 때밀이 체험

놀이 동영상

묵은 때를 불려서 시원하게 쓱싹쓱싹 때를 밀어 봐요! 지우개 가루를 사용하면 더 실감 나게 놀이를 즐길 수 있어요. 목욕하고 뽀송뽀송해진 피부에 오이와 팩으로 수분을 보충하고, 마무리로 개운하게 바나나 우유 한 잔 어때요?

이렇게 놀면 좋아요 Tip

어릴 적 추억의 목욕탕 체험을 아이와 함께 공유해 봐요. 몸을 청결하게 관리하는 방법도 알려 주세요. 쇄골이나 가슴 등 앞모습을 표현하는 선 도안과 겨드랑이의 털 도안은 필요에 따라 생략해도 좋아요. 때를 표현하기 위해 지우개 가루를 준비해 주세요.

## 도안 미리 보기

155~168쪽

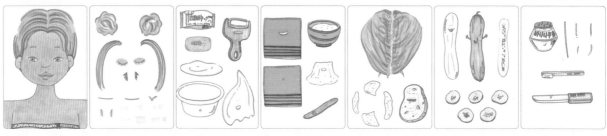

Copyright © 2013. paper pepper. All rights reserved.

## 이렇게 준비해요!

### 01

사진을 참고해서 도안을 준비해요. 얼굴이 있는 배경지 도안에 머리카락과 털, 때 도안을 붙이고 하단에는 도구와 물건을 붙여요.

**TIP** 지우개 가루를 준비하고, 앞머리는 두피 부분만 살짝 붙여요. 쇄골과 가슴에 붙이는 선 도안과 겨드랑이의 털 도안은 생략해도 상관없어요. 때 타월은 앞면과 뒷면을 투명 테이프로 붙여서 손을 넣을 수 있도록 만들어요.

## 이렇게 놀아요!

### 01

눈을 가리고 있던 앞머리를 옆으로 치워요.

**TIP** 귓바퀴를 미리 칼로 오려 두면 머리카락을 귀 뒤로 넘길 수 있어요. 미관을 해치지 않기 위해, 이 도안에는 오리는 선을 따로 표시하지 않았어요.

### 02

때를 밀기 전 바가지에 물 도안을 붙여서 물을 끼었어요.

### 03

포장지를 뜯어서 비누를 꺼내요.

**TIP** 포장지를 찢지 않아도 상관없어요.

### 04

때 타월에 비누를 묻히고, 쓱싹쓱싹 밀면서 지우개 가루를 뿌려요. 지저분한 때 도안도 하나씩 떼어 주세요.

## 05

다시 바가지로 물을 끼얹고 지우개 가루를 치워요.

**TIP** 눈을 감은 모양의 도안은 원할 때 자유롭게 붙였다 떼었다 하면 돼요.

## 06

감자 칼을 사용해서 오이의 껍질을 벗겨요.

**TIP** 이때 오이의 팔을 뒤로 접으면 감자 칼을 편하게 내릴 수 있어요.

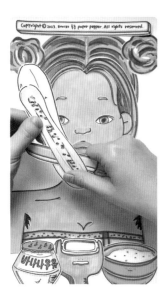

## 07

칼로 오이의 속을 길게 깎은 다음 쇄골에 올려요.

## 08

이번에는 얼굴에 붙일 수 있도록 오이를 동글동글하게 잘라요.

## 09

얼굴에 오이 조각을 하나씩 올리고, 작은 면도기로 양쪽 겨드랑이에 붙은 털을 밀어요.

## 10

얼굴과 몸에 올린 오이 도안을 치우고, 다시 오이 하나를 새로 썰어서 입에 넣어 주세요.

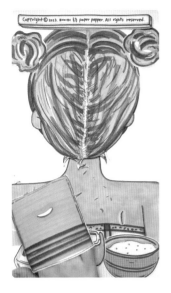

## 11

얼굴에 뒷머리 도안을 올려서 뒷모습을 만들어요. 쇄골과 가슴에 붙인 선을 떼고 날개뼈 선을 붙여요. 여기저기 때 도안을 붙이고 **04~05**번 과정을 반복해서 놀아요.

## 12

도안을 다시 앞모습으로 준비하고, 스틱으로 팩을 떠요.

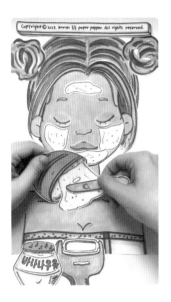

## 13

팩을 한 번씩 떠서 얼굴에 올려요. 쓱쓱 긁어서 목에도 팩을 부어요.

## 14

해면 스펀지로 팩을 닦아요.

## 15

얼굴과 목, 쇄골에 광이 나는 도안을 붙여서 윤기를 표현해요. 그다음 바나나 우유에 빨대를 꽂아요.

## 16

꿀꺽꿀꺽 바나나 우유까지 맛있게 마시면 때밀이 체험 끝!

# 09 | 따끈따끈~ 붕어빵 만들기

놀이 동영상

날씨가 쌀쌀해지면 어김없이 생각나는 붕어빵 가게가 돌아왔어요. 팥과 슈크림 중에 어떤 걸 먹을지 고민된다면, 둘 다 만들어 볼까요? 겉은 바삭바삭, 속은 촉촉하게 갓 구운 붕어빵을 호호 불어서 맛있게 먹어 봐요!

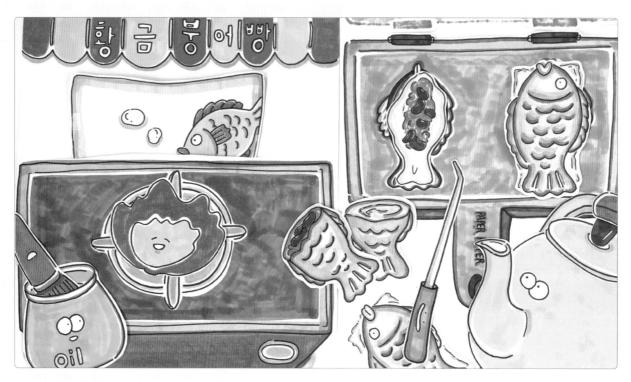

**이렇게 놀면 좋아요 Tip**

반죽을 붓고 노릇노릇한 빵이 만들어지는 과정을 체험할 수 있어서 재밌어요. 주문을 받고 붕어빵을 건네는 가게놀이로 응용해도 좋아요. 가스레인지에 불을 켜고 끌 때의 주의 사항도 잘 설명해 주세요.

## 도안 미리 보기

169~182쪽

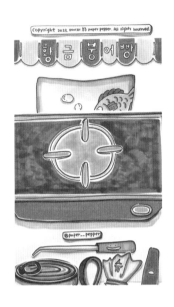

## 01

가스레인지가 있는 배경지 도안을 준비하고, 하단에 도구와 재료를 붙여요. 붕어빵 종이봉투는 앞면과 뒷면의 안쪽을 마주 보게 하고 양옆과 아래만 투명 테이프를 붙여요. 가스레인지 위에 있는 칼집 안에 넣어서 준비하면 돼요.

**TIP** 통팥 통조림에는 뚜껑과 고리를 붙여요.

## 01

붕어빵을 굽기 위해 가스레인지에 불을 켜요.

## 02

불 위에 붕어빵 팬을 올려요.

**TIP** 붕어빵 팬은 뚜껑과 본체 도안을 겹쳐서 이음새 부분만 투명 테이프로 연결해요. 붕어빵의 눈과 무늬가 있는 본체 도안이 아래에 있으면 돼요.

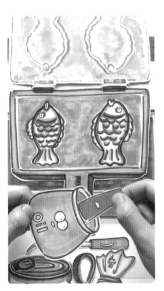

## 03

솔을 오일에 담그고 이리저리 묻혀요.

## 04

붕어빵이 틀에 달라붙지 않도록 오일을 골고루 발라요.

## 05

주전자를 이용해 틀에 반죽을 부어요.

**TIP** 주전자 몸통에 손잡이와 빨간색 덮개, 뚜껑을 붙이고, 입구에 흐르는 반죽을 붙이면 돼요. 틀 안에는 붕어빵 모양의 반죽을 붙여요.

## 06

통팥 통조림의 뚜껑을 열어요.

## 07

숟가락으로 팥을 크게 한 스푼 떠요.

## 08

반죽 위에 팥과 슈크림을 올려서 붕어빵의 속을 채워요.

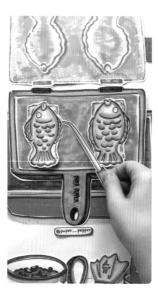

## 09

팬의 뚜껑을 닫고, 붕어빵이 구워지는 동안 붕어빵을 담을 종이봉투를 꺼내요.

## 10

틀 안에 있는 반죽 위에 붕어빵 도안을 붙여요. 붕어빵이 다 구워졌어요! 뜨거우니 도구를 이용해 붕어빵을 꺼내요.

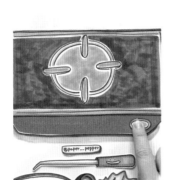

**11**

팬에서 꺼낸 붕어빵을 종이봉투에 담아요.

**12**

붕어빵 팬을 치우고 가스레인지의 불을 꺼서 정리해요.

**13**

노릇노릇하게 잘 구워진 붕어빵을 호호 불어요.

**14**

한 입 베어서 맛있게 먹으면 놀이 끝!

# 10 무럭무럭! 정성 가득 농작물 키우기

놀이 동영상

우리가 매일 먹는 맛있는 채소들은 과연 어떻게 자라는 걸까요? 종이 놀이로 농작물을 직접 키우고 맛도 보아요! 열심히 땅을 고르고 물을 주어서 당근, 고구마, 완두콩 등 다양한 채소를 길러 보세요. 기다림과 노력의 결실로 수확한 채소를 바구니에 하나씩 담으면 미션 클리어!

이렇게 놀면 좋아요 Tip

작은 도안들을 붙였다 떼었다 하기 위해서 핀셋이 필요해요. 정성스레 물을 주고, 농작물이 무럭무럭 자라고, 열심히 수확하는 과정을 설명해 주세요. 귀여운 표정이 있는 날씨 도안을 바꿔서 붙이는 재미도 있어요.

## 도안 미리 보기

183~192쪽

   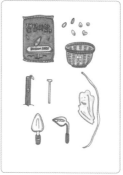 

## 01

들판이 있는 배경지 도안 곳곳에 잔디를 심어요. 하늘에는 구름을 붙이고, 하단에는 여러 가지 도구를 붙여서 준비해요.

**TIP** 펌프 상단에 칼집을 내서 손잡이를 넣어요. 손잡이를 위아래로 움직일 수 있어요.

## 01

잔디를 쏙쏙 뽑아요. 뽑은 잔디는 언덕 위에 다시 심어도 좋아요.

## 02

씨앗을 심을 수 있도록 갈퀴 모양의 농기구로 땅을 팔게 요. 작은 흙 도안을 붙여요.

## 03

열심히 땅을 고르고 팠어요. 흙을 좀 더 큰 도안으로 바꿔 요.

## 04

삽으로 씨앗을 넣을 공간을 만들 거예요. 구덩이 도안을 쪼르르 붙여요.

## 05

랜덤 씨앗 봉투를 살짝 뜯고, 미리 오려서 준비한 씨앗을 손에 탈탈 털어요.

**TIP** 봉투를 실제로 뜯지 않아도 괜찮아요.

## 06

작은 씨앗을 하나씩 심어요.

## 07

씨앗 위에 작은 흙 도안을 하나씩 덮어요.

## 08

물뿌리개에 물 도안을 붙여서 흙을 적셔요.

## 09

해님을 이리저리 움직이며 햇볕을 골고루 쬐었더니 드디어 싹이 났어요. 흙 위에 새싹 도안을 하나씩 올려요.

## 10

수도꼭지에 호스를 살짝 붙이고, 손잡이로 펌프질해요. 호스 입구에 물 도안을 붙여서 새싹에 물을 주세요.

## 11

우르르 쾅쾅! 천둥과 비가 몰려왔어요. 먹구름 도안을 붙여요. 비가 와서 농작물이 더 잘 자라겠죠? 두 번째 흙에서 새싹을 떼고, 안쪽에 고구마 줄기를 심어요. 네 번째 흙에서도 새싹을 떼고, 완두콩 줄기를 붙여요.

**TIP** 농작물의 순서는 자유롭게 배치해도 좋아요.

## 12

빗물과 번개 도안을 자유롭게 붙이고, 흙 뒤에는 나머지 당근과 감자 등의 농작물을 숨겨요.

**TIP** 이때 고구마 줄기에는 고구마 여러 개를 덧붙여서 다시 숨기고, 완두콩 줄기에는 완두콩 껍질과 콩알을 덧붙여요. 콩알이 너무 작아서 붙이기 힘들다면 껍질만 덧붙여도 괜찮아요.

## 13

호미로 흙을 하나씩 걷어요.

## 14

흙을 파서 캐낸 농작물을 바구니에 하나씩 넣어요.

## 15

수도꼭지를 틀고 물 도안을 붙여서 농작물을 깨끗하게 씻어요.

## 16

깨끗하게 씻은 농작물을 하나씩 맛볼까요? 실제로는 익혀서 먹어야 하지만, 종이 놀이니까 괜찮아요! 아삭아삭 맛있는 채소를 먹으니 건강해진 것 같아요!

## 잠깐!

* 도안에 표시된 제목을 잘 확인한 다음 오려서 준비해요. 단, 배경지로 쓰이는 도안은 오리지 않아요.

* 손으로 그린 도안이기 때문에 크기가 완벽하게 일치하지 않을 수 있어요. 이런 경우에는 적당히 위치를 조정해 주세요.

* 도안을 테두리에 딱 맞춰서 잘라도 좋지만, 조금 넉넉하게 잘라도 괜찮아요. 여유 있게 잘라도 충분히 재미있게 놀이를 즐길 수 있어요.

* 빨간색(또는 흰색)으로 표시된 선에 칼집을 내면 도안을 더 사실적으로 즐길 수 있어요.

* 칼을 사용할 때는 다치지 않도록 주의하고, 어린이는 어른의 도움을 받는 것이 좋아요.

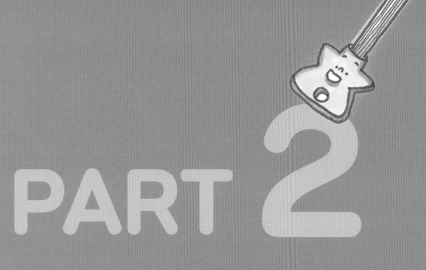

# PART 2

# 종이 놀이 도안

이제 도안을 가지고 직접 종이 놀이를 즐겨 봐요!
점선 표시를 따라 조심조심 도안을 오리거나 뜯어낸 다음,
PART 1에 있는 방법을 따라서 차근차근 만들고 놀면 돼요.
종이가 얇으므로 찢어지지 않게 주의하세요.
자, 그럼 이제 본격적으로 도안을 만들어 볼까요?

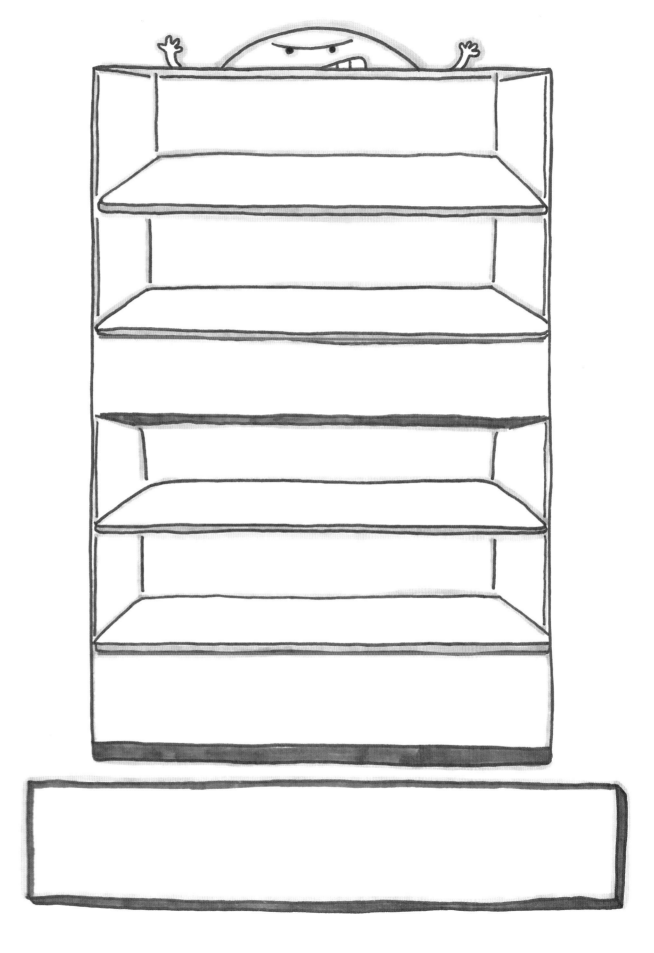

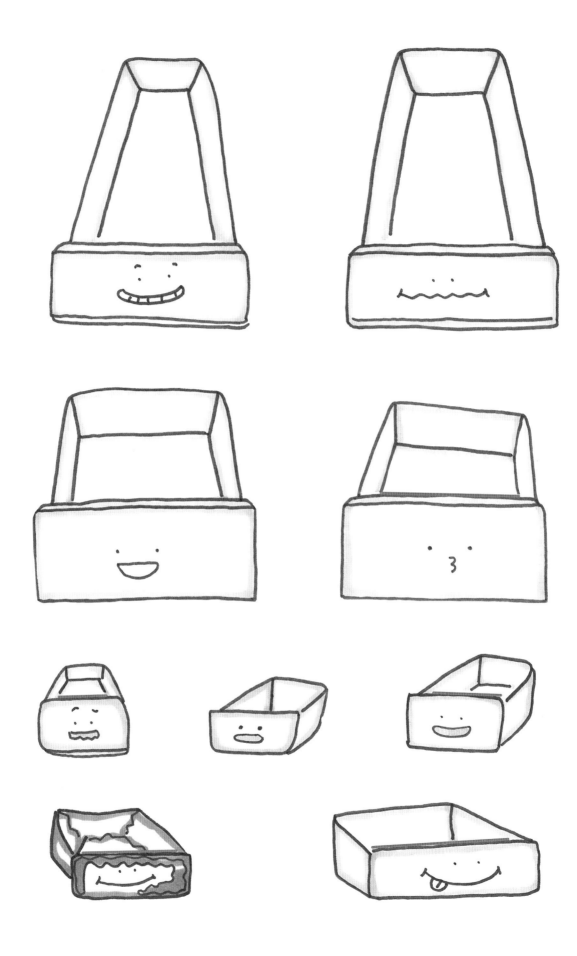

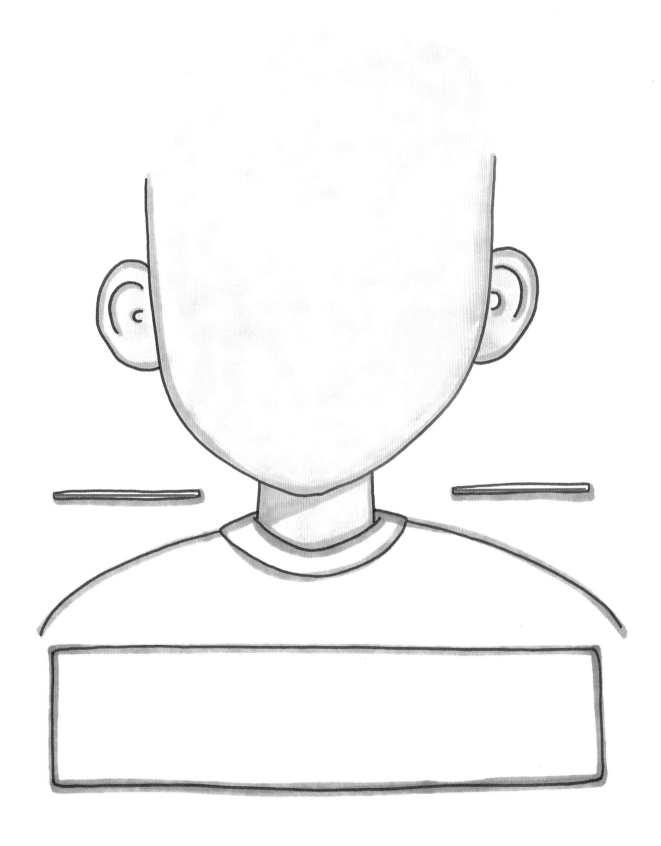

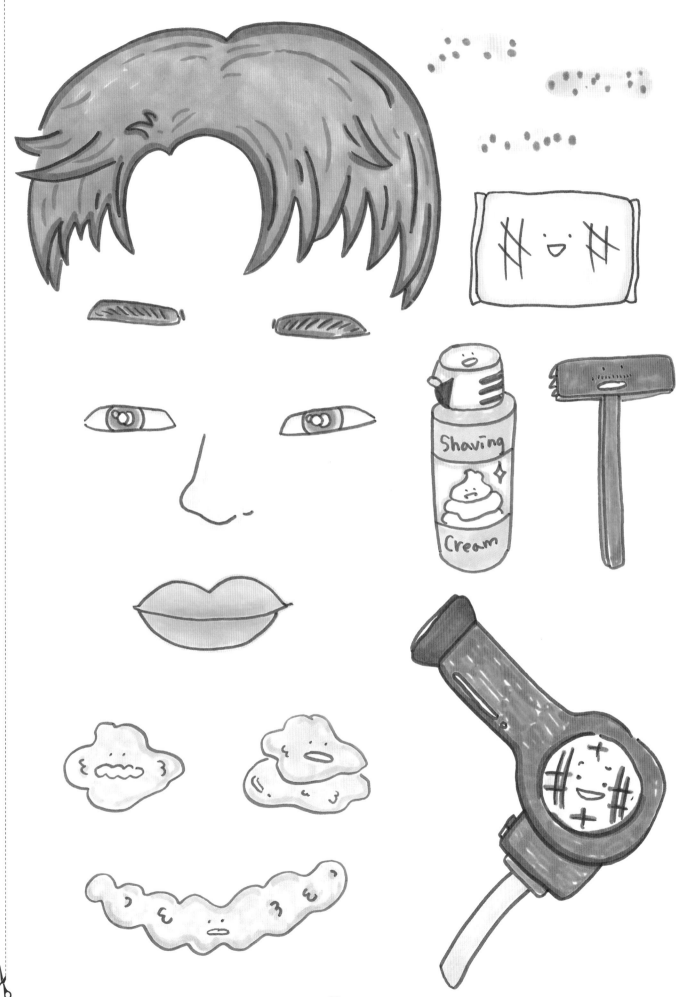

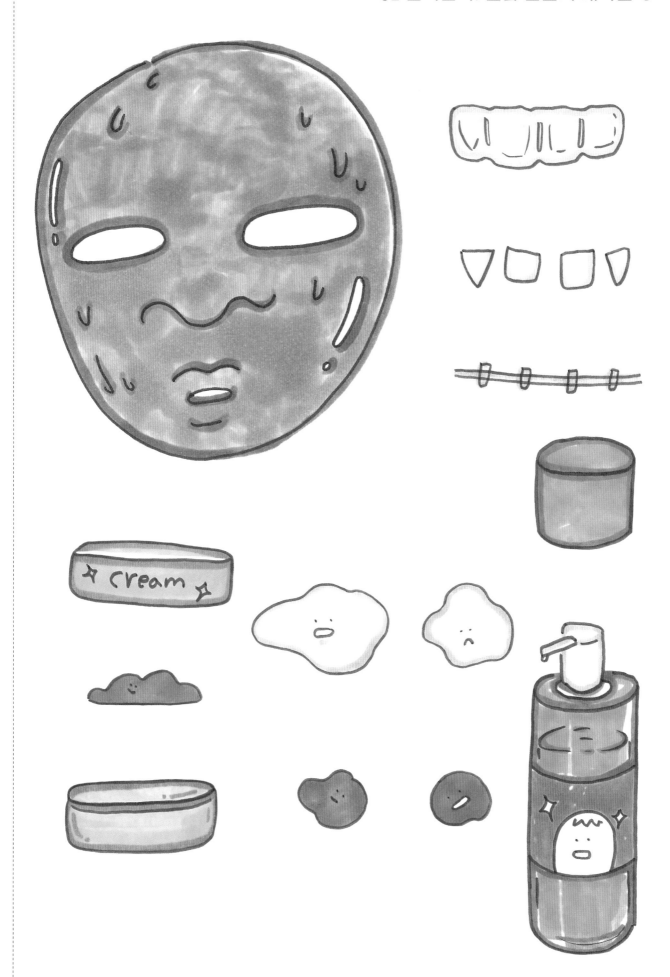

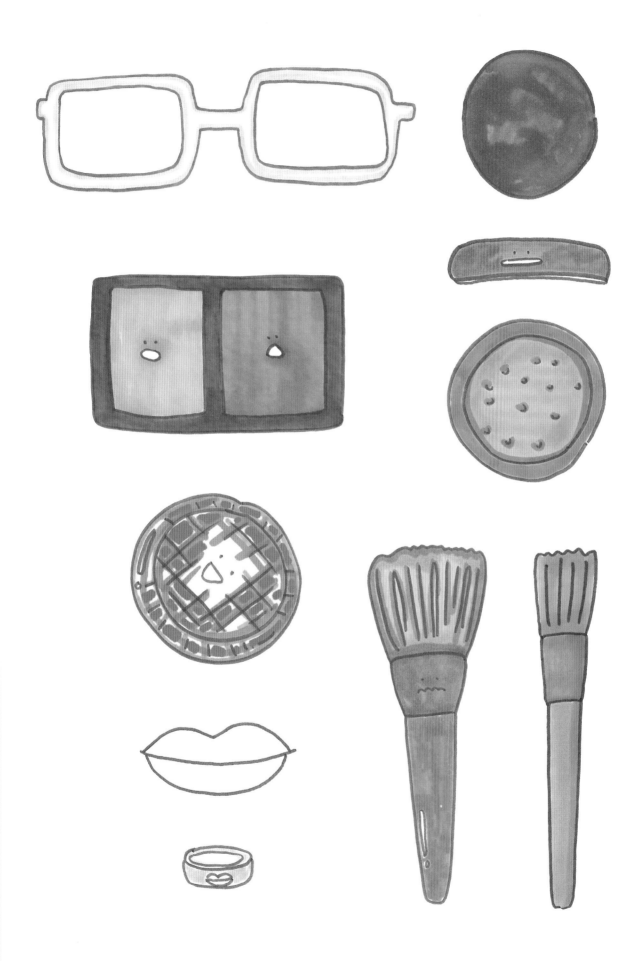

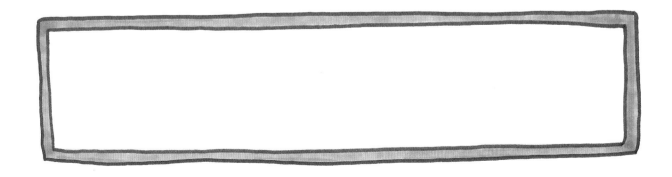

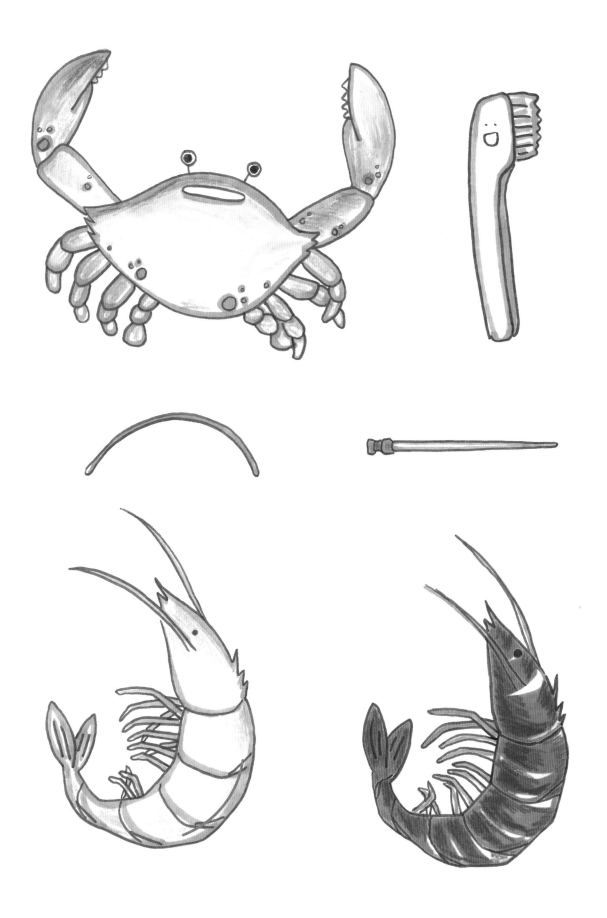

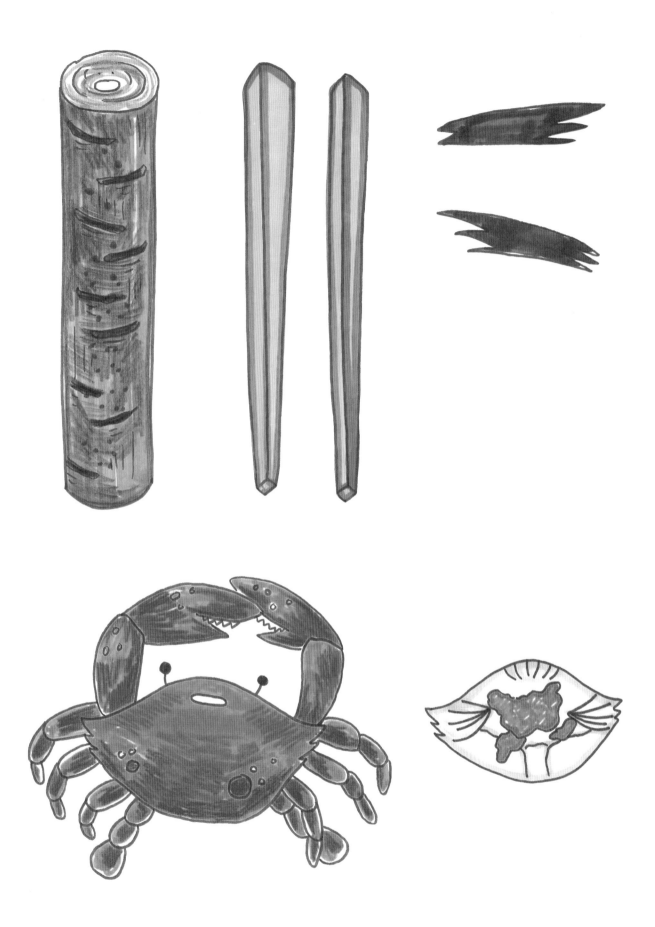

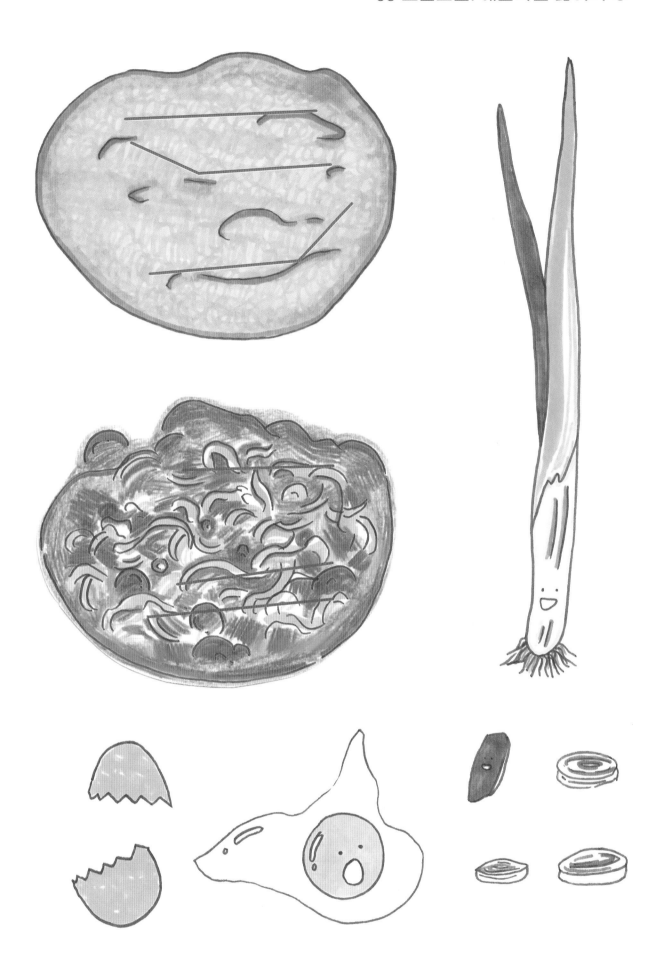

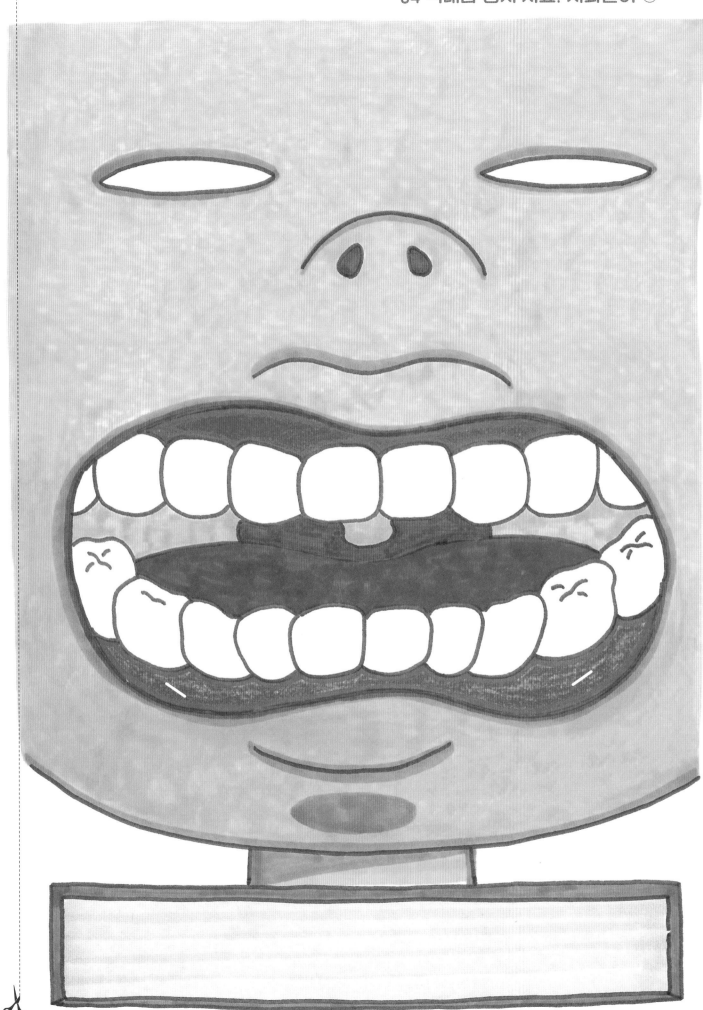

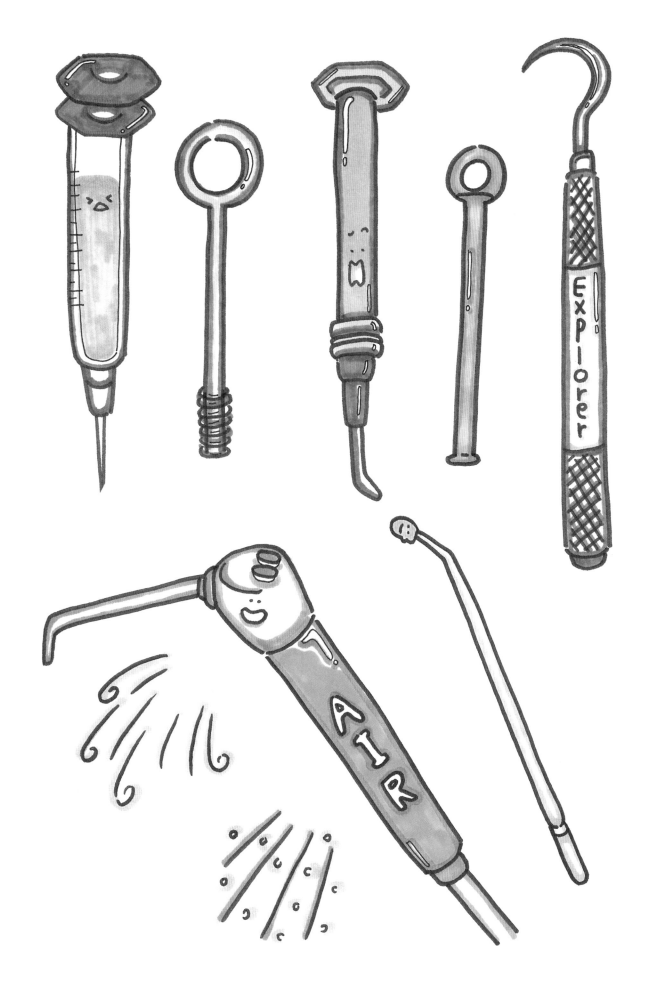

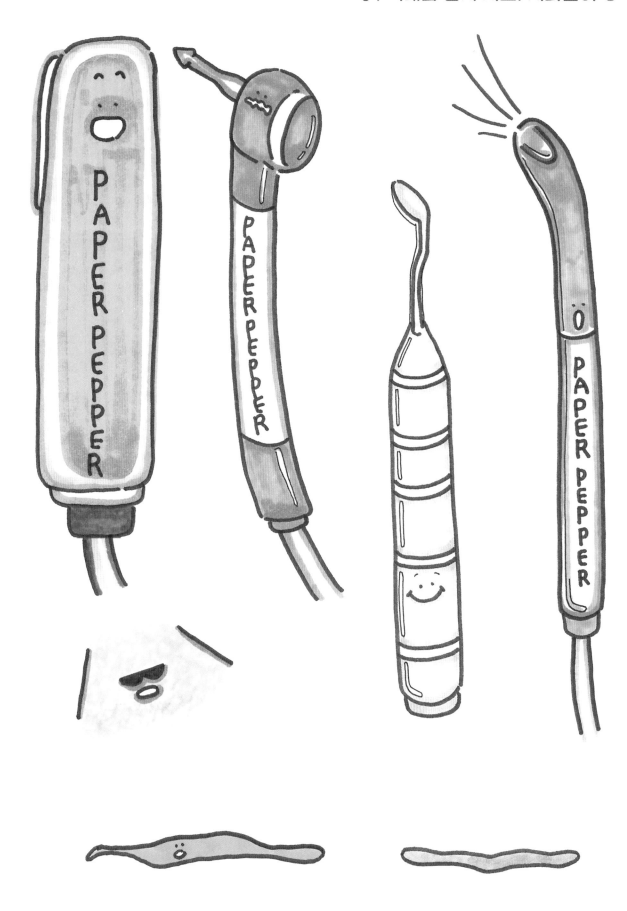

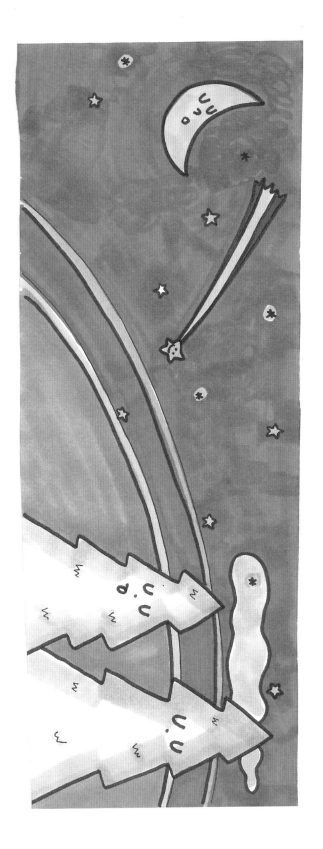

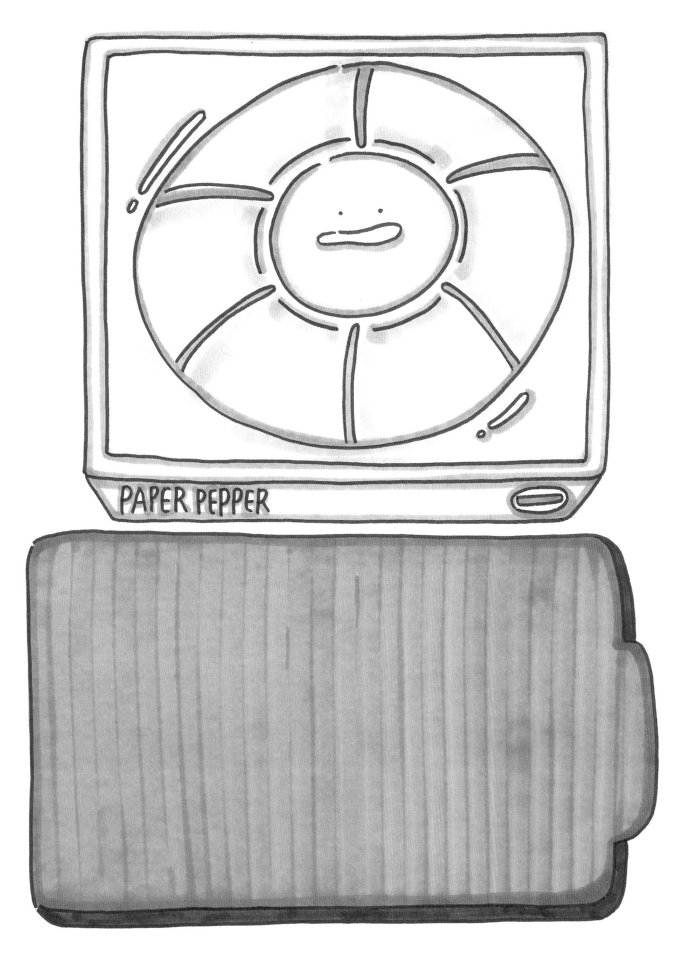

PAPER PEPPER

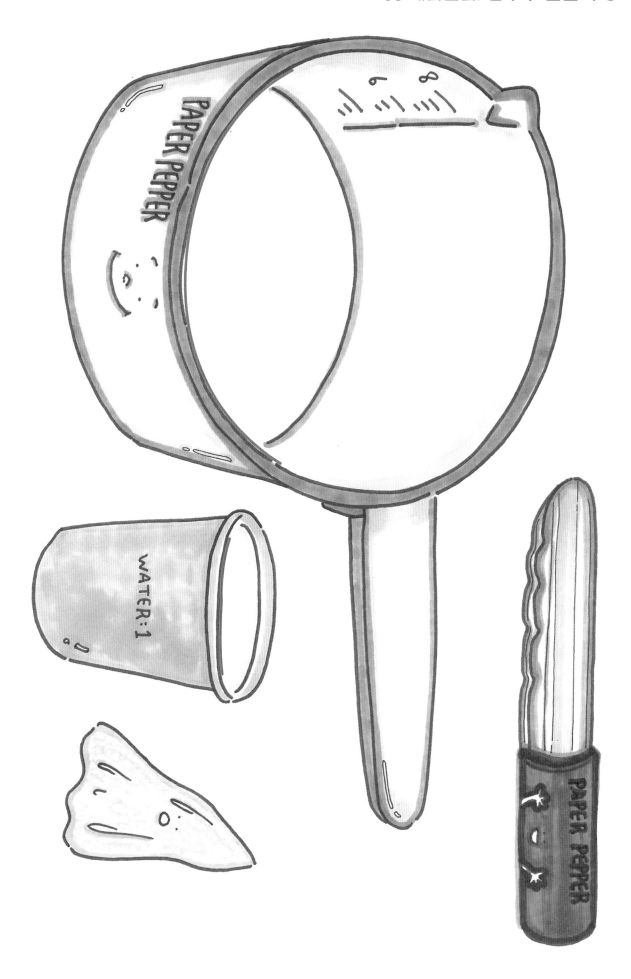

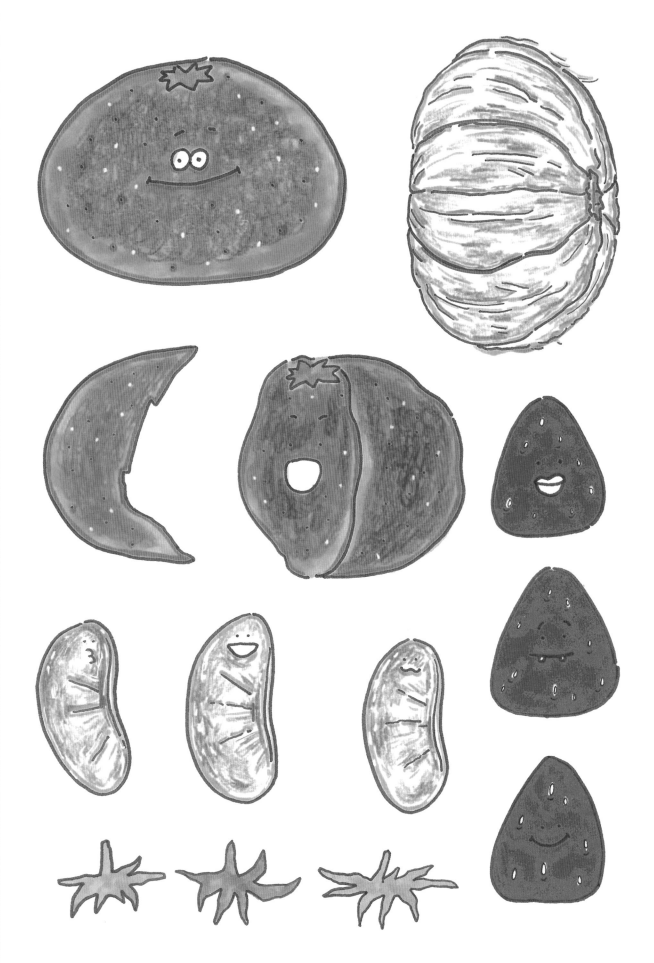

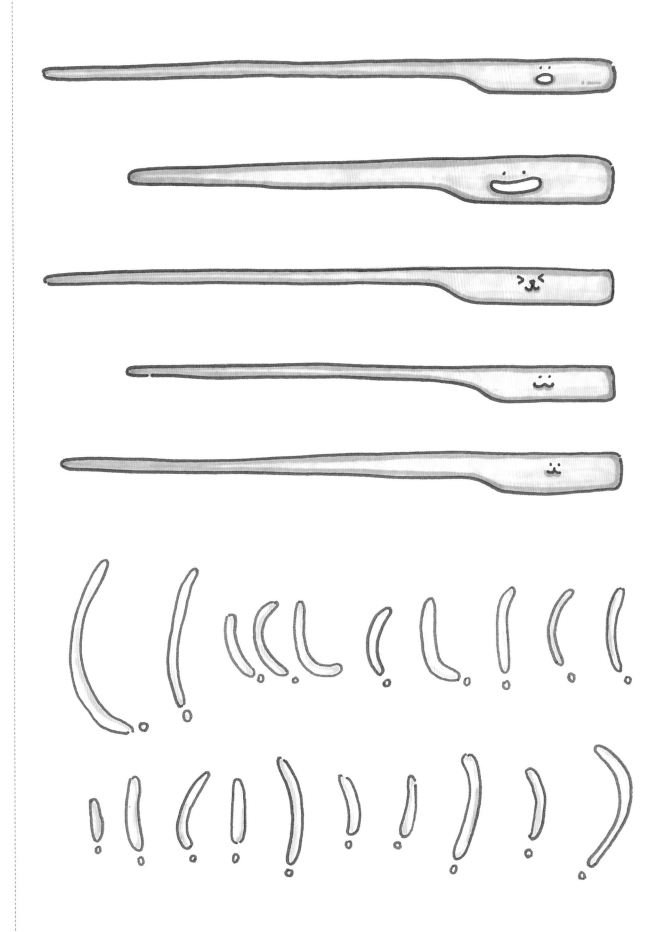

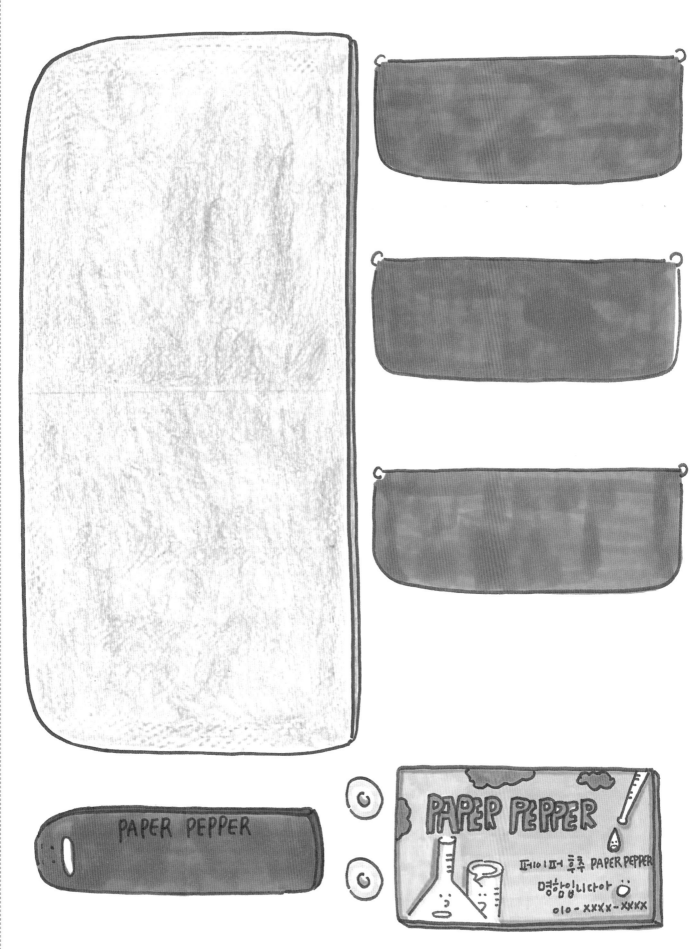

PAPER PEPPER

PAPER PEPPER

페이퍼 흑추 PAPER PEPPER
명함입니다아 ☺
010-XXXX-XXXX

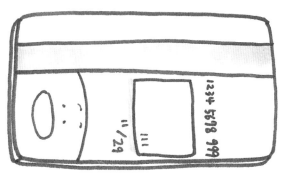

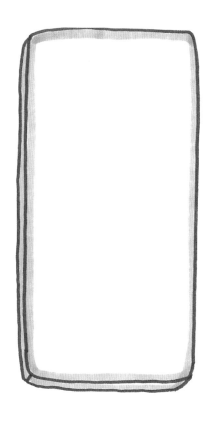

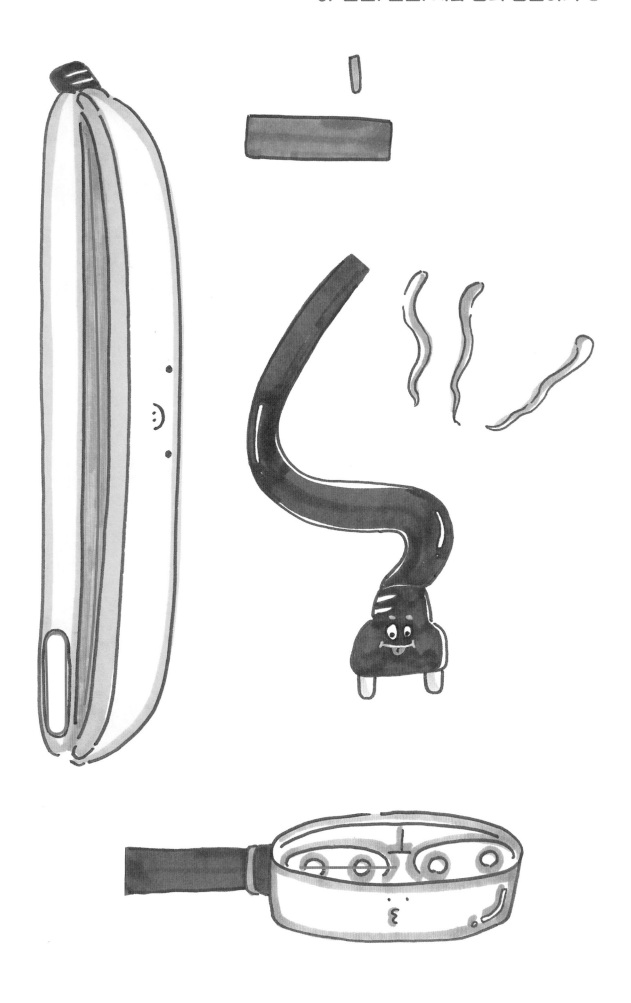

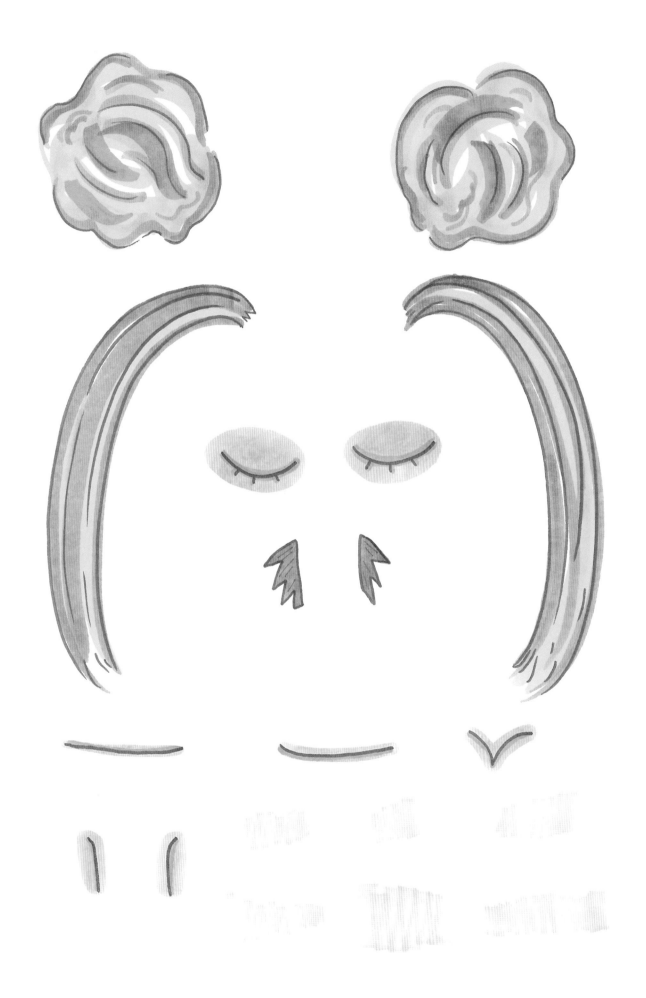

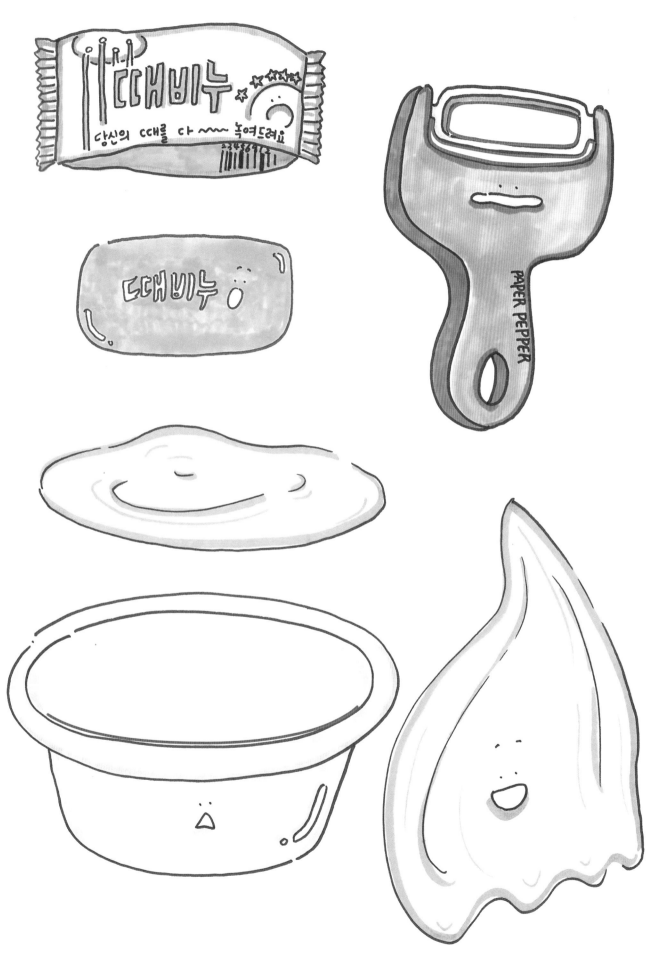

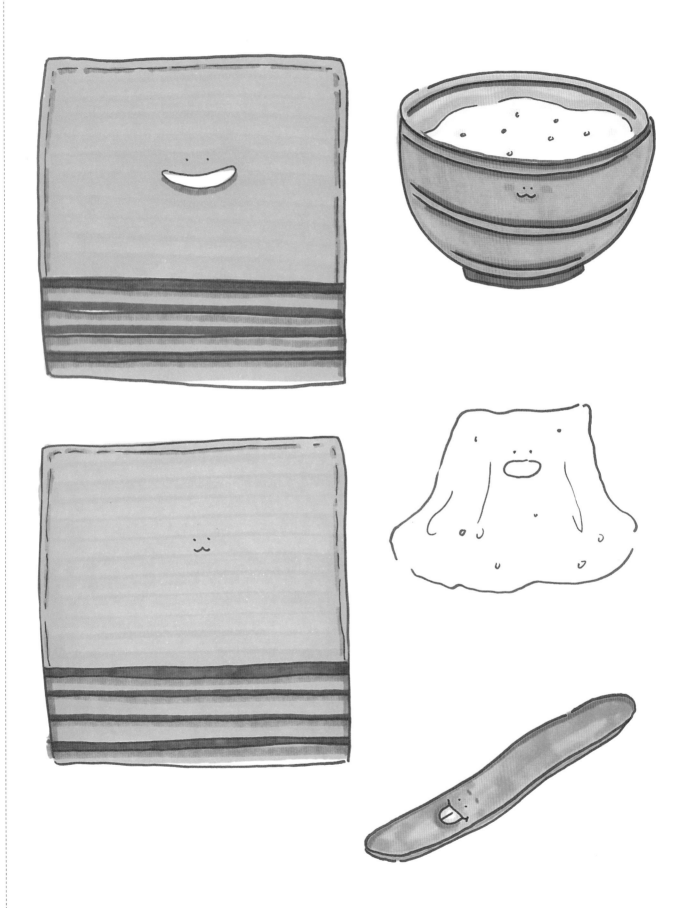

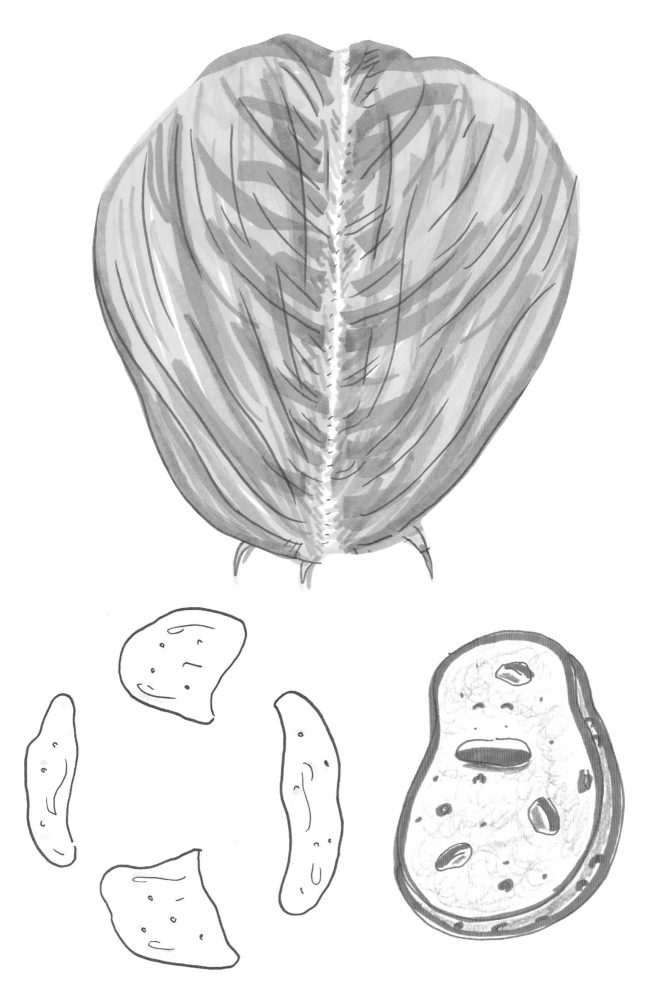

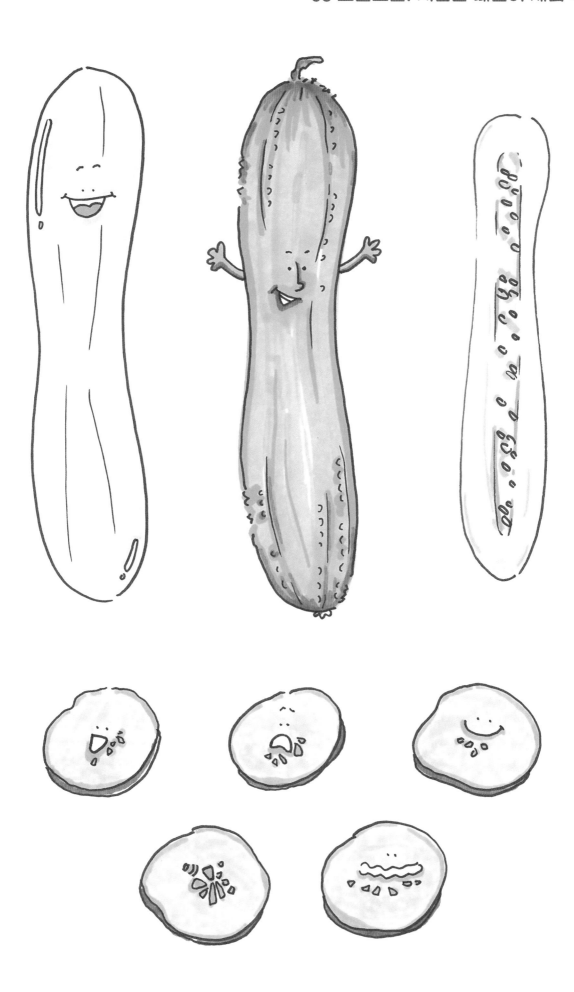

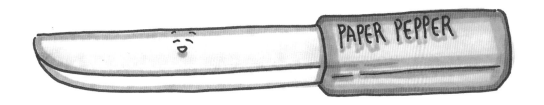

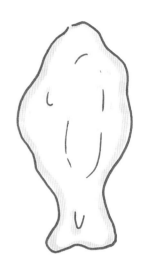

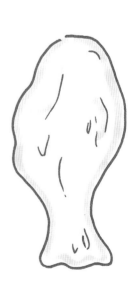

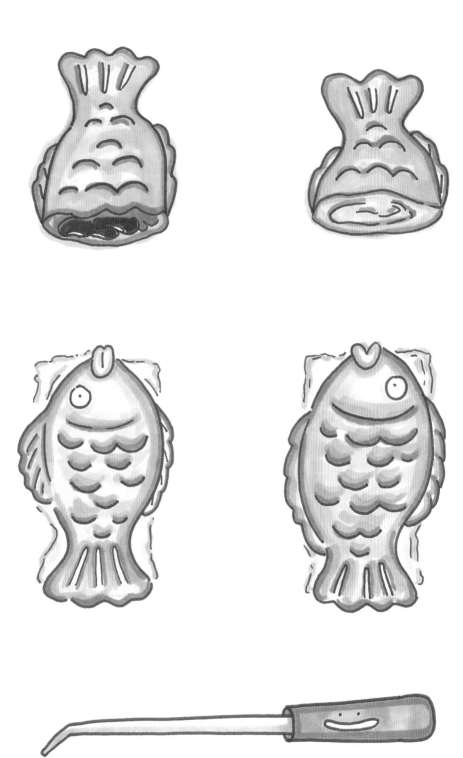

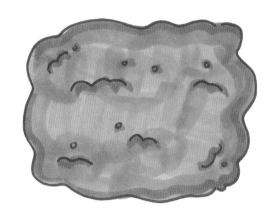

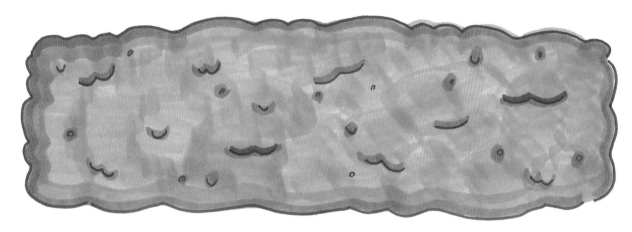